TU BIENESTAR ES PRIORIDAD

REDISEÑA TU VIDA PARA DISFRUTAR DE MÁXIMA SALUD, PROSPERIDAD Y FELICIDAD

ENFOCÁNDOTE "INTENCIONALMENTE" EN 5 ÁREAS:
MENTE | CUERPO | ESPÍRITU | PROGRESO | LIBERTAD

FRANKIE COTTO

Una publicación de ConocimientoEsencial.com

ISBN: 978-0-692-73387-5

DEDICATORIA

Antes de comenzar mi dedicatoria, quiero agradecer a todos mis mentores, "coaches", colegas y clientes que de alguna u otra forma han contribuido en mi vida. Gracias a ustedes, mi formación profesional ha sido un regalo maravilloso. Por favor, me disculpan si no menciono sus nombres pues son muchos, reciban mi reconocimiento y un abrazo.

Quiero dedicar este segundo libro primeramente a mi Señor Jesucristo, quien a pesar de los tiempos difíciles que en ocasiones tuve que atravesar, nunca me abandonó. A mi amiga, consejera, confidente y esposa Jeany, quien ha sido mi compañera de camino por los pasados 34 años y contando.

Gracias por concederme el tiempo y espacio para trabajar este proyecto. A mis hijos, Jessenia y su esposo Reinaldo Cintrón, Josué, así como a mi primera nieta Sarah; ustedes son de gran inspiración para mí. A mi madre, Delia, mi hermano Jorge y su familia, quienes siempre han estado junto a mí en las buenas y en las menos buenas. Gracias a todos por concederme el tiempo y espacio para trabajar este proyecto.

A papi, Frank Cotto, quien poco tiempo antes de culminar este libro falleció, pero no puedo pasar por alto su aportación e influencia en mi vida. Gracias papi por haberme enseñado a ser un luchador, a moler vidrio antes de cosechar triunfos y a estar feliz sin importar mis circunstancias.

Yadira Mercado, CFO y vicepresidenta ejecutiva de uno de los bancos donde trabajé y quien influyó para que fuera promovido a vicepresidente y quien sigue siendo mi amiga. Gracias por tus exigencias y por forzarme a mejorar mi escritura entre otras áreas de mi carrera profesional, de no haber sido por ti, la tarea de ser autor habría sido muy difícil.

Gran parte de este libro, fue escrito en el viejo San Juan de Puerto Rico, en el hogar de vacacionar de mi querido cuñado, Angel Luis Franqui y su esposa Deborah Solo. Gracias a ambos por permitirme utilizar su lugar de descanso en tantas ocasiones. El silencio, la paz y tranquilidad que allí encontré, fue cuna de ideas, conceptos y mensaje que guardan las páginas de este libro.

Agradezco también a mi hermana Marilú Morales, quien ha aceptado sin ningún interés particular, en darme la mano en mis proyectos de escritura y editar mi trabajo; gracias Marilú por aceptar hacerlo. Pedro Rodríguez, gracias por todos tus cuidados para con mis padres, sin tu ayuda con ellos, el tiempo de este trabajo habría sido muy prolongado, gracias hermano.

A mis cuñados Edwin, José y cuñada Elena Franqui y sus respectivas familias. Gracias por su apoyo, comprensión y respaldo en momentos cruciales y difíciles de mi vida. Aunque no se dieron cuenta, su cariño y cuidado desinteresado, ha sido de gran importancia para nosotros.

Edmee Rivera, gracias por tu dirección, consejos e ideas para hacer una buena entrevista o presentación dondequiera que vaya. Tu aportación es el complemento de mi carrera y propósito de vida.

Por último, pero no menos importante, a mi coach y amigo Alex Ochart. Sin ti, este proyecto no existiría. Gracias por creer en mí, por tu ayuda, por estar ahí cuando todo lucía oscuro en mi panorama, por tus ideas, paciencia y exigencias. Gracias a ti y tu linda familia por recibirme tan cariñosamente y hospedarme tantas veces en su hogar. Definitivamente que fueron y siguen siendo una pieza importante en mi vida.

Tabla de Contenido

INTRODUCCIÓN

"No Te Conformes Con Lo Que Necesitas...

...Lucha Por Lo Que Te Mereces"

- Anónimo

Bienvenido a **TU BIENESTAR ES PRIORIDAD**. Una frase que siempre escribo en mayúscula y negrilla para resaltar lo que sinceramente creo y espero que entiendas debe ser tu prioridad. La idea principal de este libro es ayudarte a rediseñar tu vida enfocándote "INTENCIONALMENTE" en 5 áreas:

- **MENTE**

- **CUERPO**

- **ESPÍRITU**

- **PROGRESO Y LIBERTAD** *(El Dúo Dinámico)*

Para que puedas disfrutar de máxima **salud, prosperidad y felicidad.**

Muchas personas piensan que bienestar se trata solo de asuntos sobre el cuidado del cuerpo pero, en este libro aprenderás que es mucho más que eso. Pero antes de darte un resumen y explicarte por qué, debo decirte que haber seleccionado este libro me deja conocer que eres una persona especial. Leer sobre un tema así, refleja un interés extraordinario de ser mejor cada día y te felicito por eso. Este libro es el mapa que te guiará a ese bienestar que tanto deseas. Déjame explicarte a lo que me refiero.

Existen cinco componentes esenciales que deben estar integrados y en balance en nuestras vidas; estos son: mente, cuerpo, espíritu, progreso y libertad, estos últimos dos los llamo el dúo dinámico. Cuando entendemos cómo activarlos, así como su funcionamiento, obtenemos claridad en nuestro propósito de vida, salud, somos más prósperos y vivimos más felices. Por eso digo que **TU BIENESTAR ES PRIORIDAD**.

Desafortunadamente, vivimos en un mundo de excesivo estrés, donde el tiempo y el dinero nunca son suficientes. Como si fuera poco, las estadísticas de obesidad, depresión y enfermedades crónicas siguen en aumento mientras la gente ve pasar la vida delante de ellos en lugar de disfrutarla.

Lo irónico de todo esto es que, con unos pocos ajustes, puedes recuperar la salud general de tu vida si logras el balance e integración ideal de estos cinco aspectos. Pero eso requiere conocimiento, disciplina y dedicación, razón por la cual escribí este libro que está basado en el programa que diseñé sobre **TU BIENESTAR ES PRIORIDAD**.

Hoy más que nunca, es indispensable entender que debemos ser responsables de nuestro futuro mejorando nuestro presente. La decisión que tomes hoy, tendrá un impacto directo en los resultados de tu destino.

Es momento de escoger la vida que deseas no sólo para ti, sino también para tus hijos, nietos y seres queridos.

En el proceso de investigación para escribir este libro, encontré que cada día existen más y más personas en crisis emocionales, financieras o espirituales. Por otro lado, y muy lamentable por demás, muchos se sienten estancados a causa de un sorpresivo desempleo, sin saber qué hacer con sus vidas mientras se encuentran cautivos de un pasado profesional que ya no volverá.

Mujeres solas tratando de criar sus hijos mientras deben salir a trabajar para el sustento de su familia, atender los quehaceres del hogar, cuidar sus padres y la lista es larga, razón por la cual muchas se encuentran desesperadas sin tener claro cómo ser felices. Mientras otros, se encuentran en trabajos que odian o que no llenan sus expectativas de vida.

En el tiempo que ejercí como entrenador personal, y ahora como consultor personal, me he percatado de la gran cantidad de personas que se encuentran en depresión, tristes e insatisfechas de sus vidas.

Lo sorprendente de esto no es únicamente su condición, sino que guardan en silencio el dolor de una inestabilidad emocional que no exteriorizan porque no quieren afectar a sus hijos, preocupar a sus padres o hasta por temor de perder la oportunidad de mejoramiento profesional en sus trabajos. No quieren que otros vean su lado débil y eso los hace vivir deprimidos en su mundo interior.

Estoy seguro que ya te habrás dado cuenta de que vivimos en un mundo que cambia a pasos acelerados. Alta tecnología, métodos de hacer las cosas que se renuevan de día en día, y lo que antes hacían diez personas hoy, con la ayuda de una computadora, lo hace una.

Lo interesante de esto es que a pesar que las cosas se modernizan, el mejoramiento personal se deteriora en todos los aspectos como ya te mencioné. Nuestra existencia se torna en una carrera que parece que nunca terminará.

Nos lanzamos a una vida que esperamos sea perfecta, pero se convierte en un desafío continuo. Piénsalo, desde que nacemos, somos entrenados para enfrentar nuestro futuro de adultos por nuestros padres, abuelos, maestros, amigos u otras personas allegadas a nosotros quienes nos transmiten sus experiencias, filosofías de vida, creencias, miedos e inseguridades, entre otras enseñanzas que moldean nuestra forma de ser.

Según crecemos, también se agrega a esta fase de entrenamiento y aprendizaje los que creen saberlo todo, quienes pudieron ser tus vecinos, compañeros de escuela, amigos, y no puede faltar, el televisor. Influencias que van formando nuestro carácter y personalidad.

Una vez adultos, pensamos que estamos listos para enfrentar la vida y obtener éxito profesional, casarnos, tener hijos, nietos y vivir felizmente mientras vivamos. De acuerdo con nuestra crianza, salimos optimistas o con miedo, seguros o inseguros, pues todo dependerá del tipo de educación que recibimos durante los primeros años de vida, pero con la mejor intención de tener, según nuestro criterio, una vida ideal.

Nos independizamos de nuestros padres y, cuando creemos que podemos hacer lo que nos plazca, comienzan los problemas en el trabajo, matrimonio o con los hijos. Ahora, nos damos cuenta que las cosas no salieron según las visualizábamos o esperamos.

No queremos volver donde nuestros padres para no preocuparlos, no ser criticados o simplemente por orgullo propio. Así que recurrimos a los nuevos consejeros, personas que sin conocernos bien, mucho menos nuestro pasado, nos ofrecen palabras de aliento, hirientes o con instrucciones de lo que debemos o no hacer para vivir nuestra vida y resolver nuestros problemas.

Estos son nuestros compañeros de trabajo, vecinos, conocidos o hasta el facebook y el internet. Si nuestro problema es en el trabajo, nos instan a renunciar; si es de pareja, a dejarlo; y si es con los hijos, a medicarlos. Haces lo que te sugirieron y te das cuenta que ahora estás en una peor situación. Luego, te das cuenta que ellos lo saben todo, pero nada de lo que te aconsejan lo hacen. Te encuentras entonces solo, con más problemas, confuso, pues ahora no sabes dónde recurrir, mucho menos quién te pueda comprender o ayudar.

En la vida, somos golpeados, lacerados y muchas veces lloramos. Día tras día, semana tras semana, mes tras mes y año tras año combatimos con todas nuestras fuerzas. En ocasiones caemos al suelo y nos ponemos de pie para continuar mientras otros deciden darse por vencidos y no levantarse. Ahora nuestra finalidad es llegar a ser felices independientemente de nuestro estatus social. Ya las metas y objetivos que nos trazamos al comienzo de nuestra vida no son importantes.

Tal vez ahora, a los "cuarentitantos" o peor aún, "cincuentitantos" años, divorciado, desempleado o preso de un estilo de vida que no te ofrece la libertad que anhelas, te sientes cansado y sin fuerzas para seguir luchando. O por el contrario, has alcanzado todo lo que materialmente y profesionalmente deseabas, pero te sientes vacío e infeliz.

He escrito este libro tomando algunas de mis experiencias de haber sido golpeado por la vida y testimonios de personas con las que he trabajado y ayudado a levantarse. Sus nombres los he omitido o cambiado para salvaguardar su identidad.

También encontrarás información adicional que te equipará para ver la vida de una forma diferente y ayudarte a encontrar tu verdadera personalidad y propósito de vida.

A pesar de haber sido derribado en varias ocasiones durante mi vida, descubrí la fórmula perfecta para ser feliz, independientemente de mi situación. Aprendí a contentarme cuando lo tuve todo y cuando lo perdí ...TODO. Obtendrás las respuestas a tus interrogantes, entenderás el verdadero significado de Bienestar y comprenderás por qué debe ser una Prioridad en tu vida, lo que te permitirá ser feliz sin importar tus circunstancias.

Para hacer el contenido fácil de entender e interesante al mismo tiempo, decidí dividir este libro en cuatro partes donde te explicaré paso por paso cómo integrar estos cinco conceptos que transformarán tu vida, utilizando historias, citas, mi testimonio y otros datos que te puedan ayudar a desatar al guerrero que llevas dentro de ti.

Antes de comenzar, quiero que repasemos juntos el contenido o temas que te harán comprender la importancia de las 5 áreas más significativas de tu vida, y que te ayudarán a alcanzar tu mejor **BIENESTAR:**

Mente

Aprenderás cómo controlar tus pensamientos, mantener tu enfoque en los aspectos que realmente tendrán un impacto directo en tus decisiones. Para que esas decisiones sean cónsonas con tu destino, tu mente debe estar clara, y para ello debes saber cómo mantener una actitud positiva aún en medio de momentos difíciles.

Aprenderás también, cómo nutrirla y ejercitarla para que esté en óptimas condiciones, algo que no todos saben que deben hacer.

Cuerpo

El cuidado del cuerpo está muy de moda. Existen cientos de videos, equipos de hacer ejercicio, libros y gimnasios, entre muchas alternativas para el cuidado del cuerpo. Sin embargo, por irónico que suene, las estadísticas sobre personas con problemas de obesidad y enfermedades prevenibles siguen en aumento. O sea, si por recursos fuera, no deberíamos estar experimentando este aumento.

Mientras buscaba información que me ayudara en la creación de mi programa de bienestar, encontré que muchos desean ejercitarse; sin embargo, creen que lo deben hacer por 6 ó 7 días y realizar movimientos extenuantes para poder tener resultado. La experiencia en la mayoría de los casos es frustrante lo, que hace que abandonen lo que una vez era su deseo.

En esta sección te hablaré de mi sistema 40x4 que creé para personas ocupadas que desean ejercitarse, pero prefieren las cosas sencillas y efectivas. También aprenderás la importancia de la nutrición y cómo mantener una piel joven, dos elementos esenciales para complementar la fórmula perfecta en el cuidado de nuestro cuerpo.

Espíritu

Este tema habla acerca de la importancia de tu espíritu y su función. No me estaré refiriendo a ninguna religión en particular, sino al impacto que tienen la fe, la paz y la armonía entre tu cuerpo y el espíritu en tu vida. Esta parte es altamente importante, muy en particular cuando atravesamos momentos difíciles, porque créeme, todos pasaremos por esas etapas tarde o temprano. Entender su funcionamiento es esencial y no lo debes pasar por alto, mucho menos restarle importancia. Cuando llegues a ese capítulo entenderás por qué.

Progreso y Libertad *(El Dúo Dinámico)*

En esta sección, sabrás por qué le llamé a **PROGRESO y LIBERTAD**, *"El Dúo Dinámico"*. Es una combinación que cierra con broche de oro el concepto de **BIENESTAR.**

No muchos toman en cuenta estos aspectos, pues no saben que deben ser incluidos dentro de sus prioridades, mucho menos que son piezas esenciales para su bienestar.

No obstante, tú sabrás las razones por las que las incluyo, así como aquellos que han vivido y viven una vida de continuo mejoramiento personal y profesional. Como último tema, te daré consejos de cómo integrar todos estos conceptos y mantenerlos día tras día.

Ya casi estás listo para comenzar, pero debo decirte ahora qué debes dejar y qué debes traer para este extraordinario viaje que caminaremos juntos. Tus decisiones del pasado te han traído hasta aquí, si quieres hacer cambios que resulten en un mejor bienestar en tu vida, debes dejar tus prejuicios, incredulidad e inseguridades. No se trata de ser prefecto, nadie lo es.

Si quieres tener resultados mejores a los que has obtenido hasta el momento, debes cambiar lo que has estado haciendo, de lo contrario no verás el progreso que deseas que ocurra en tu vida. Trae una mente abierta, dispuesta a cambiar, practicar, insistir y el deseo de ser mejor de lo que jamás hayas sido. Sólo ten presente, que en medio de tus imperfecciones puedes lograr ser feliz y alcanzar el éxito que te propongas.

Eres un ser extraordinario, lleno de virtudes, talentos y capacidades. Lo que haya ocurrido, lo que te hayan hecho creer o las experiencias negativas y dolorosas de tu pasado no te definen como persona. Es hora de dejar salir a ese guerrero que tienes dentro de ti y comenzar a vivir a plenitud.

El más grande regalo que surgió luego de cada una de mis "crisis", particularmente al perderlo todo, fue encontrar mi verdadero propósito de vida: llevar un mensaje que cambie las vidas y ayudarlos a encontrar su propio destino. Hoy sigo más apasionado por la vida que nunca, experimento un progreso constante, mi salud y vida en general mejoran cada día, y eso es lo que quiero compartir contigo en este libro.

MENTE

"La Mente Es Como Un Banco...

...Lo Que Depositas Es Lo Que Retiras"

- Anónimo

Si estás leyendo este libro es porque deseas hacer uno o varios cambios en tu vida, desde un cuerpo mejor hasta un empleo superior, tener una casa de ensueño, unas vacaciones, y podría seguir dando ejemplos de tus deseos. Has tratado muchos métodos para sentirte complacido con tu vida y, aunque has logrado cierta estabilidad financiera, familiar o de pareja, no logras sentirte complacido por completo. Cuando no es una cosa es otra.

Entonces viste este libro sobre bienestar y decidiste darle una oportunidad. Lo adquiriste con la expectativa de mejorar tu estado emocional, financiero o vida en general. Seguramente piensas que al corregir alguna realidad externa o visible de tu cuerpo todo mejorará. Lamento decirte que no funciona así, pero te puedo asegurar que encontrarás tus respuestas en el contenido de estas páginas.

Antes que sigamos, quiero que te enfoques un momento en la palabra Bienestar. Está dividida en dos palabras: **bien y estar,** si las inviertes, entonces leen: "estar bien". La pregunta sería: ¿Estar bien de qué? ¿De dinero? ¿Salud? ¿Haber comido tu comida preferida? ¿O se refiere a tener una relación perfecta con tu pareja? ¿Qué opinas?

Bienestar es una palabra muy de moda e interpretada de diferentes maneras por muchas personas alrededor del mundo. Pero, ¿qué es realmente? ¿Cuál es el verdadero significado? ¿Cómo impactaría o beneficiaría tu vida?

La primera vez que recuerdo haber escuchado esta expresión, era ya adulto y había comenzado a trabajar. Mi salario era de $550 al mes. Me casé y veía que el dinero no me alcanzaba y me decía: "cuando gane $100 más, voy a estar bien". Me aumentaban $100 y poco tiempo después decía: "no, cuando gane $150 más es que voy a estar bien".

Así estuve por unos cuantos años hasta que finalmente logré estabilizarme económicamente y me encontraba bien, pero entonces me percaté que estaba sobrepeso, me sentía cansado todo el tiempo y me veía mayor a la edad que tenía. El cuento cambió y decía: "cuando baje unas 20 libras voy a estar bien." No obstante, no era tan fácil cambiar mi cuerpo y eso me frustraba.

La cuestión es que llegué a pensar y hacerme las siguientes preguntas que quizás te has estado haciendo: ¿pero, cuando voy a estar bien? ¿qué valor tiene el dinero si siempre estoy enfermo, inconforme o simplemente no estoy satisfecho con la vida que estoy viviendo?

Por otro lado, sabía que sin dinero era imposible tener la calidad y estilo de vida que deseaba. ¿Te identificas conmigo? ¿Qué tal si te digo que he encontrado una pastilla que resolvería todos tus problemas? ¿La adquirirías? Estoy seguro que sí. Claro, tú y yo sabemos que esto no existe pero, cuando termines este libro, entenderás lo que significa bienestar y la fórmula que puede traer la respuesta al porqué de no haber alcanzado la vida que tanto has anhelado para ti y tus seres queridos.

Por más de 15 años he investigado y estudiado aquellos aspectos que nos limitan como seres humanos. Encontré que el principal de ellos es querer hacer cambios de afuera hacia adentro cuando deberíamos comenzar por nuestro interior. Para ellos es importante entender por qué somos como somos.

Vivimos en una conversación continua con nosotros mismos. En Puerto Rico le decimos que *nos cantamos y nos lloramos*. O sea, nos tomamos lástima a nosotros mismos, nos da coraje, nos maltratamos o motivamos, somos expertos en suponer lo que otros piensan y tomamos decisiones que luego no entendemos.

Nuestra mente es más poderosa de lo que creemos e incluso la menospreciamos. No sabemos cómo funciona, pero tampoco nos preocupamos por saber cómo mejorarla. Por lo tanto, en estas primeras páginas quiero que hablemos sobre ella, pues es la clave para hacer cambios extraordinarios en nuestras vidas.

Inicialmente quiero definirte brevemente algunos datos sobre tu mente. Ella es la responsable del entendimiento, la capacidad de crear pensamientos, la creatividad, el aprendizaje, la emoción, la memoria, la imaginación y la voluntad, entre otras funciones.

O sea, la información que recibes, es procesada por tu mente para su desarrollo mental. ¿Y sabes algo? ...esto dura toda tu vida. Sin embargo, factores genéticos, ambientales y nutricionales juegan un papel esencial en el desarrollo biológico de tu cerebro y su capacidad de procesar información. Existen tres aspectos asociados con lo que hoy eres, hacia dónde vas, y que resumo en esta primera parte. Pero antes, terminemos de hablar un poco más sobre tu mente.

Quiero que te contestes si alguna vez te has hecho alguna de las siguientes preguntas:

- ¿A qué se debe que no hago lo que me gusta, ame o no ame como quisiera, o me comporte como me comporto?

- ¿Por qué cuando tomo ciertas decisiones me encuentro de repente, pensando en lo que puedan decir otros?

- A qué se debe que en ocasiones sienta hacer algo positivo en la vida, producto de alguna idea y termina otro haciéndolo mientras me quedo como simple espectador, enojado o enojada conmigo mismo, pues permití que alguien se atreviera a intentarlo en lugar de haber sido yo?

- ¿Por qué no logro mantener una relación sentimental que perdure?

Si te has hecho alguna de ellas, quiero que sepas que no eres el único, yo también me hice alguna de ellas y fue lo que me impulsó a investigar las razones y motivos hasta encontrar el porqué.

Me tomó tiempo, práctica, lágrimas y mucho esfuerzo, pero fue una gran inversión. Hoy estás a punto de cambiar tu vida de una manera asombrosa, tal y cómo me sucedió a mí. La ventaja que tienes es que a mí me tomó años estudiarlo, practicarlo, intentarlo, fallar, volver a intentar hasta lograrlo, pero debes sentirte tranquilo porque no tendrás que pasar tanto trabajo, pues lo resumí todo para ti.

Quiero que marques este día en tu calendario como el comienzo de un nuevo tú. Si sigues el mapa que encontrarás en las próximas páginas, podrás cambiar tu destino. Te aseguro que terminarás con una nueva visión y agenda de vida. ¿Estás listo para comenzar? ¿Sí? Muy bien, pues abróchate el cinturón de seguridad, que este viaje comienza ahora.

Como mencioné antes, es en la mente donde comienzan nuestros pensamientos, donde se almacenan una serie de eventos que te han hecho como eres. Estos juegan una parte importante en tu comportamiento y destino, pero no los entiendes y es por eso que, en gran medida, en ocasiones reaccionas de una manera no aceptada por ti mismo y frecuentemente te haces estas preguntas:

"¿Por qué hice, dije o me comporté así?", "No era mi intención ofender a nadie". O la clásica, "Caramba, no tomé la decisión correcta, ¿por qué lo hice así? …sabía que no funcionaría." ¿Cuántas veces has querido darle marcha atrás al reloj luego de alguna decisión o comportamiento inadecuado? Quizás te preguntes, ¿pero por qué tiene que ser todo tan complejo o confuso?

No te sientas mal, te comprendo, a mí también me pasó. Estoy seguro que piensas así porque crees que es tu personalidad o simplemente porque eres así, torpe, inseguro, terco o impaciente. Esta manera de pensar es la que ha mantenido cautivas a cientos de miles de personas talentosas, que han desperdiciado su vida y sus capacidades alrededor del mundo.

Yo estuve cautivo por mucho tiempo; es por eso que te entiendo, no es tu culpa, ya verás a lo que me refiero. Te voy a dar algunos datos sencillos, pero que te pueden ayudar a entender lo que quiero decirte antes de seguir adelante.

Debes saber que posees un **consciente**, un **subconsciente** y un **inconsciente**, nuestro próximo tema.

Consciente

El **consciente** es cuando sientes, piensas y actúas con conocimiento de lo que haces. Es cuando piensas lo que vas a hacer porque así lo planificaste, como por ejemplo, cuando sales en tu hora de almuerzo y sabes dónde irás a almorzar. Sin embargo, puedes estar consciente de algo tan sencillo como eso o tan complejo como sería enfrentar alguna situación de peligro.

Déjame explicarte lo que quiero decir con esto. Cuando era joven, no era consciente de los peligros de conducir a alta velocidad. Para mí, no existía riesgo pues me creía el "as" del volante. Lo que quiero que entiendas es que estar consciente es estar presente y actuar ante tal o cual situación o evento, pero reaccionarás según tu creencia. Es cuando comprendes la realidad de lo que enfrentas o no, como el ejemplo que te di sobre mi juventud y mi ignorancia de conducir a alta velocidad.

Debes saber también que es en la mente consciente donde desarrollamos la inteligencia a través de la cual adquirimos conocimientos. También podríamos denominar a la mente consciente, como la mente lógica o racional. Es la que nos permite tomar decisiones acertadas como te mencioné antes, de acuerdo a nuestras creencias y/o conocimientos adquiridos. La mente consciente es la que usamos para saber cómo hacer lo que vamos a hacer. Es con la que le prestamos atención a los detalles y con la que llevamos a cabo nuestras acciones.

Otro ejemplo que te puedo dar de la forma para la que usamos nuestra mente **consciente** es algo tan sencillo como lo sería decidir si debemos cruzar o no la calle, analizando si vemos o no tráfico en determinado momento.

Sin embargo, en ocasiones nuestra mente consciente hace uso de los recuerdos y las memorias almacenadas, algo que tiende a desarrollar y mejorar con el tiempo. Pero lo interesante es que, mientras más se desarrolla una habilidad conscientemente, más se interactúa con la mente subconsciente y la inconsciente.

Las conexiones neuronales que componen la mente consciente, por lo regular, son fuertes y vienen programadas, no sólo desde nuestros antepasados a través de la genética, sino también desde nuestra infancia, a través de nuestro aprendizaje.

En resumen, podríamos definir entonces, que es quizás la mente consciente la que percibimos como más activa en todo momento y con la que forjamos nuestro pasado, nuestro presente y nuestro futuro.

Ya hablamos sobre tu consciente y, si pensabas que es lo único que te hace ser como eres, te tengo noticias: no es el único que toma tus decisiones y te ha hecho ser como eres.

Subconsciente

Continuando con nuestro relato, permíteme presentarte al coprotagonista de nuestra historia de hoy, se llama **subconsciente** y es el responsable en gran medida de que seas como eres. Hagamos un poco de historia. Sigmund Freud fue un médico neurólogo austriaco, considerado el padre del psicoanálisis y una de las mayores figuras intelectuales del siglo 20. Él pensaba que el subconsciente era el conjunto de contenidos reprimidos que se encuentran al margen de la consciencia. ¿Muy complicado verdad?

En palabras sencillas, quiero que lo compares con el disco duro de tu computadora. Cuando la compraste, estaba en blanco o sea, no guardaba ninguna información. Comenzaste a usarla y a grabar vídeos, fotos, escritos e información relevante para ti.

Cuando necesitas alguno de estos datos, vas a la memoria de tu computadora de forma consciente porque sabes que la tienes grabada pero, no recuerdas el detalle. Extraes la información y "bum", puedes utilizarla. La pregunta es ¿cuál es la función del subconsciente? ¿Cierto? Ahora llegamos.

Cada evento, experiencia o acontecimiento por el que pasas en tu vida se graba. Aunque la mayoría de las veces no lo usas con intención determinada, es importante que sepas que te hace actuar de una manera específica. Sin embargo, las etapas de tu niñez son las que más impacto tienen sobre tu personalidad.

Estudios reflejan, que entre las edades de 0 a 7 años de edad, la mente emocional está vacía, o sea, que todo lo que se grabe en ese periodo, se puede quedar para toda la vida. Increíble, ¿verdad? ¿Y qué haces con esa información?

Déjame explicarte y darte un poco más de datos sobre esto. Mi amigo, y uno de los coach más confiables en Estados Unidos, Steven Griffith, escribe en su libro "High Performance Coaching", que en esa etapa de niñez la mente subconsciente no puede rechazar y solo acepta experiencias, sean buenas o no tan buenas. El define estas áreas como el punto ciego de nuestra personalidad.

Esto contesta algunas de las preguntas que te hice al principio, acerca de cuando no entiendes por qué eres de tal o cuál forma. Reaccionas y te comportas de acuerdo a las experiencias que has vivido a través de palabras, actitudes, maltratos o halagos de personas con las cuales interactuaste a través de tu vida, así como valores y creencias inculcados mayormente por tus padres, abuelos, maestros o personas muy allegadas a ti.

Si haces un poco de memoria, posiblemente encuentres frases e imágenes de tu niñez, tales como: *no toques, no te trepes ahí, ¿pero eres bruto muchacho?, tu no sirves para nada, no corras, no te ensucies* y muchas otras expresiones que ahora recuerdas y que te han hecho como eres. ¿Sabes qué? Todo eso está grabado en tu subconsciente, ¿quieres saber cómo la utilizas? Imagino que si, pues sigue leyendo.

Quiero contarte una experiencia mía como manera de ejemplo para simplificar este concepto que debes tener bien claro, pues te hará entender este rompecabezas que comenzamos a armar hoy. Cuando era adolecente, cerca de la escuela intermedia donde estudiaba, había una casa donde vivía alguien que le encantaba la música clásica y la ópera.

Recuerdo que quedaba de camino a un negocio donde mis amigos y yo comprábamos comida. Nunca lo conocí, ni lo vi, pero podía observar que la persona que vivía en aquella casa, cerraba todas las ventanas, puertas, y escuchaba la música a todo volumen. Mis compañeros de estudio se mofaban por el género de música y, claro está, yo también. Sin embargo, en mi interior me atraía aquella música y me gustaba, pero no me atrevía a exteriorizar mis emociones.

Luego me sentía culpable de no haber tenido el valor de expresar mis sentimientos verdaderos.

¿Te identificas con alguna experiencia en tu vida? Estoy seguro que sí. ¿Por qué? Posiblemente tus padres o consejeros la definían como presión de grupo. Claro, era más sencillo explicarnos eso, pero, aunque comparto parte de esa teoría, no a su cabalidad, y ya mismo te explico por qué pienso así.

En aquel momento no entendía por qué no podía decirles a mis amigos que me gustaba aquella música. Sin embargo, luego me di cuenta que había estado desde chico en un ambiente machista, donde exteriorizar mis sentimientos era significado de debilidad.

¿Estarías de acuerdo conmigo si te digo que en la adolescencia somos objeto de mucha presión de grupo, pero no es lo que define nuestras decisiones? ¿Conociste algún adolecente cuando estabas en la escuela a quien le ofrecieron droga y no hubo manera de convencerlo?

¿Qué tal de aquellos que nunca demostraron agresividad ni pelearon a pesar de que los humillaron y maltrataron en grupo? ¿Por qué crees que eso sucedía? ¿Cuál entiendes es la diferencia entre ellos y aquellos que sí usaron droga, o los que peleaban al más mínimo insulto? ¿Por qué algunos pueden resistir tal presión y mantenerse firmes en su carácter, y otros no?

Casi te escucho acá decirme, "¡Para ahí, Frankie! ¿Tú me quieres decir que la culpa de todo lo que me pasa es de mis padres? Imposible, ¡ellos eran excelentes!" Tranquilo, no llegues a conclusiones todavía, que no he terminado.

Tienes razón, no toda la culpa es de tus padres, maestros o vecinos. Te doy algunos datos que encontré. Otros estudios indican que nuestra personalidad se va definiendo de lo que recibimos del medio ambiente a lo largo de la vida, mayormente durante los cuatro primeros años. Dice que adquirimos costumbres, cultura, una forma de ver la vida, los modales de trato o la formación de comunicación con los demás. El porcentaje mayor de influencia lo recibimos de la familia durante la infancia, en segundo nivel de la escuela; y en un pequeño porciento, de las amistades o la sociedad.

Hoy día está aumentando la influencia de la televisión por la cantidad de horas que los niños pasan ante el televisor. Lo que existe en tu mente, que es parte de la forma y manera en que reaccionas, es difícil de entender y necesitaríamos varios años para comprenderlo, aplicar lo aprendido, y otros años para ver el resultado.

No te preocupes, como ya te dije, he resumido los aspectos más importantes y relevantes que te pueden ayudar a entender lo necesario para reenfocar tu vida hacia un mejor destino.

Como habrás notado, es en la mente donde reside nuestra personalidad, producto de un pasado que—por bueno o negativo haya sido—te convirtió en lo que eres. Lo grandioso de esto es que es posible modificar conducta, pensamientos, y puedes llegar a ser la persona que siempre soñaste. Obtener resultados extraordinarios depende ahora del deseo, la determinación e insistencia que tengas de ser feliz. Conforme a cómo enfoques tus pensamientos, será el éxito que alcanzarás. Henry Ford dijo en una ocasión *"ya sea que pienses que puedes o pienses que no puedes, tienes razón"*. Y déjame decirte algo, tenía razón.

Una vez conoces cómo funciona tu mente y te haces responsable de los resultados que obtengas en la vida, ya no podrás seguir restringiendo tu potencial a causa de un pasado que te ha limitado hasta hoy. Tienes la herramienta más importante para controlar tu destino, y es *el poder de decidir.* Por lo tanto, si decides cambiar, te dirigirás hacia un horizonte lleno de oportunidades que han estado esperando por ti por años. En palabras más simples, si cambias tus pensamientos, cambiarás tu destino.

Una de mis películas preferidas es la historia de la vida real de Daniel "Rudy" Ruetigger. Un joven que fue juzgado, ridiculizado y criticado por compañeros de escuela, maestros y personas que limitaban su deseo de superación, incluyendo a sus propios familiares.

Rudy provenía de una familia promedio, de clase trabajadora, sin que nadie en la familia alguna vez hubiese llegado a la universidad. Sin embargo, a pesar de las influencias limitantes a través de las cuales Rudy creció, se llenó de valentía y decidió darle un giro a su vida e intentar lo que nadie en su familia había logrado antes. Lo controversial aquí era que Rudy quería entrar a una de las universidades más rigurosas y exigentes que existen, la Universidad de Notre Dame.

La trayectoria no fue fácil, pero Rudy era un soñador, según él mismo relata. El se veía alcanzando sus metas y sus sueños. Tiempo después de haberse graduado de escuela superior, su mejor amigo falleció en un lamentable accidente.

Cuenta Rudy que fue el momento decisivo de su vida, se percató que la vida era corta y no podía permitir que su sueño se desvaneciera sin intentar todo aquello que desde niño le habían pronosticado que no podría alcanzar: estudiar en Notre Dame y jugar fútbol americano en la misma Universidad. Carecía de las calificaciones y del dinero para asistir a esa Universidad, por no mencionar el tamaño y el físico. Ruettiger era mucho más pequeño que un jugador de fútbol americano promedio, con una estatura de 5'6" y un peso de 165 libras.

Rudy había ahorrado algún dinero y viajó a Notre Dame para tratar de ser admitido. Al llegar, lo atiende el padre John Cavanaugh, quien erróneamente piensa inicialmente que Rudy quiere convertirse en sacerdote. Aclarada la confusión, Rudy es enviado en un principio a la universidad filial de Notre Dame, llamada Holy Cross College, con la idea de que mejore sus calificaciones para, posteriormente, ser transferido a Notre Dame.

En momentos así es que la mente juega una parte importante en nuestras decisiones. Si vemos una muralla, no debemos darnos por vencidos ni ver razones para no seguir. Por el contrario, debemos buscar alternativas que nos ayuden a llegar, o sea, preguntarnos cómo lo puedo superar, no lo contrario. Una de las razones que he descubierto por las que muchos no logran sus sueños es una mente limitada e incrédula.

Volviendo a la historia de este gran ser humano, como Rudy no tenía mucho dinero, se las arregla para conseguir un trabajo a tiempo parcial con Fortune, jefe del personal de mantenimiento del estadio de Notre Dame. En el camino para establecerse, se hace amigo de D-Bob, un estudiante graduado de Notre Dame y asistente de enseñanza en su universidad.

Quiero que, de este relato, estés bien pendiente a las señales, personas y oportunidades que van apareciendo en el camino de la vida de Rudy, algo que también ocurre en nuestras vidas. Lamentablemente, estamos muy ocupados en otras cosas o con una visión limitada sobre lo que puede o no ocurrir en nuestras vidas, que no las vemos o prestamos atención.

El joven y socialmente torpe, llamado D-Bob, ofrece darle clases de tutoría a Rudy, con la condición de que éste le presente algunas chicas. Ante la sospecha de los anteriores problemas académicos de Ruettiger, D-Bob decide hacerle pruebas con exámenes psicológicos, y es cuándo Rudy se entera de que tiene dislexia.

Sin embargo, esto no detuvo a Rudy, mucho menos lo utilizó como una excusa para rendirse. Todo lo contrario, aprende a superar su condición y se convierte en un mejor estudiante. ¿Vas siguiéndome? Comprender por qué somos como somos y cómo sobrepasar nuestras limitaciones es imprescindible para alcanzar nuestro máximo potencial.

Durante las vacaciones de Navidad, Rudy vuelve a la casa paterna con la satisfacción de mostrar a su padre sus calificaciones, pero sigue siendo burlado en sus intentos de jugar fútbol americano, y también sufre el abandono de Sherry su novia, quien termina por relacionarse con su hermano.

¿En cuántas ocasiones somos golpeados o golpeadas por personas que amamos? Por menos que esto he conocido personas que no solo abandonan una vida de progreso, sino que caen en drogas, alcoholismo o depresión, pues se sienten dolidos y defraudados al punto que se toman lástima a sí mismos y justifican su vicio, condición emocional y dicen: "tu no entiendes lo duro de una traición". Se ahogan en su propia pena perdiéndose en sus propias mentes hasta llegar a un lugar oscuro del cual es muy difícil salir.

Hoy día, existe una gran porciento de divorcios que surgen a causa de alguna infidelidad, maltrato físico o verbal. Debo decir que la mujer suele ser la más afectada, pues es más emocional que el hombre. Llega a una relación para ser amada y, en el camino, su corazón es quebrantado. Entender que esto se puede superar es crucial para tener una vida más feliz.

No te me pierdas, sígueme de cerca, pues encontrarás información valiosa que te puede transformar en un ser poderoso o poderosa.

Volviendo a nuestra historia, luego de mucho esfuerzo e intentos, Rudy logra mejorar sus calificaciones y es admitido en Notre Dame. Ahora, su próximo reto o sueño por alcanzar era pertenecer al equipo de fútbol americano de la Universidad, algo casi imposible de lograr.

Aunque sin beca deportiva, Ruettiger convence al entrenador Ara Parseguian, de darle una oportunidad para intentar obtener lugar en el equipo de prácticas. Uno de los entrenadores asistentes informa a los jugadores que sólo 35 de ellos, con o sin beca, formarán parte de la lista del equipo. Sin embargo, Ruettiger demuestra más deseos y se esfuerza más por jugar que algunos de los jugadores con beca, y se queda en el equipo de prácticas gracias al entrenador de la línea defensiva Joe Yonto.

Por dos años estuvo dando lo mejor de él en cada práctica sin haber faltado nunca. En su último año habló con su coach para que le permitiera jugar un solo juego local. Parseguian aceptó, sin embargo, en el 1974 renunció. Aunque en la película muestran que el nuevo coach Dan Devine no quería cumplir con los deseos de Rudy, los hechos verídicos cuentan que sí lo permite, tan pronto unos de los jugadores le pide que permita a Rudy jugar en su lugar.

No obstante, poco antes Rudy experimenta lo que muchos de nosotros vivimos cuando las cosas no salen cuando y como queremos, así que, en un momento de debilidad, decide abandonar su sueño. El creía que lo estaba haciendo para demostrarle a las personas que siempre lo limitaron, que sí podía lograrlo.

Sin embargo, Fortune el jefe de mantenimiento, quien se había convertido en su amigo y mentor, lo enfrentó y le hizo ver que no tenía que demostrarle nada a nadie, sino a sí mismo. Repasó con él todo lo que había logrado y pudo convencerlo para que regresara a las prácticas.

Finalmente, Rudy viste el uniforme de Notre Dame y jugó en un partido que lo colocó en la historia de la Universidad, por haber sido integrante del equipo. En una entrevista le preguntaron a Rudy a qué le atribuía su éxito. El respondió que, en el camino, hubo personas que se convirtieron en sus mentores y quienes lo motivaron a esforzarse, creer en él y a no darse por vencido.

La realidad es que todos necesitamos un mentor, coach o consultor que nos complemente, un tema que tocaremos más adelante y que es parte de la filosofia del programa **TU BIENESTAR ES PRIORIDAD.**

Lo que quiero que veas en esta historia sacada de la vida real es el resumen de lo que inicialmente hablamos. Al comienzo de nuestro viaje, te enseñé sobre la influencia del sub-consciente, de la gente con la que interactuamos en nuestra formación y el poder de decidir que poseemos.

Rudy tenía todas las razones y excusas razonables para ni siquiera intentar alcanzar sus sueños, anhelos y deseos. Sin embargo, luchó, insistió, descubrió un padecimiento que tenía, lo atacó y superó para poder mejorar su parte de aprendizaje.

Cuando aprendes cómo utilizar tu disco duro y combinarlo con tu consciente, podrás encontrar la fortaleza, estrategia y astucia necesarias para salir adelante, sin importar cuántos tropiezos puedas encontrar en el camino, y que irás aprendiendo a medida que leas cada página.

Inconsciente

Como último, te presento a nuestra mente **inconsciente,** la cual es la más primitiva de todas. Aquí es donde se almacenan todas aquellas experiencias vividas por nuestra especie en sus millones de años de existencia. Es la encargada de gestionar cuestiones fisiológicas, tales como la respiración.

El ejemplo más sencillo que te puedo mencionar, es poder controlar de manera consciente tu respiración y aumentar, disminuir o detener su ritmo en cualquier momento. Sin embargo, cuando estás haciendo otras cosas, tu mente inconsciente se encarga de permitirte seguir respirando para poder vivir.

Por otro lado, cuando estás durmiendo, no piensas en respirar, porque simplemente podríamos decir que tu mente consciente está hipnotizada o sugestionada. Está viviendo como un tipo de trance que la mente consciente y la subconsciente le imponen, con el objetivo de brindar descanso al cuerpo y - como recientemente se ha descubierto - consolidar memorias a largo plazo (la verdadera función del dormir).

Otro ejemplo que te puedo dar es que la mente inconsciente es la que te hace cerrar los ojos cuando detecta algún peligro potencial, acercándose a tu rostro. O la que mueve tus brazos para protegerte la cara cuando alguien o algo parece que te golpeará. Es en tu mente inconsciente donde tus patrones de acción están determinados, ya sea por situaciones o vivencias milenarias. También es la encargada de hacernos sentir placer y dolor.

Un aspecto que quiero que tengas presente, pues lo tocaremos más adelante en detalle, es que la mente inconsciente es la encargada de centrarnos en nuestra zona de comodidad.

Saber esto es indispensable para vencer los momentos en que quedarnos sentados no es una opción, pues nos robará nuestros sueños.

Ya tienes unos conocimientos básicos del funcionamiento de tu mente. Es muy importante que los comprendas antes de continuar, y comiences a practicar para que vayas mejorando tu manera de pensar que, a fin de cuentas, te hacen reaccionar de la manera que lo has hecho hasta el momento.

Lo que quiero que tengas presente durante nuestro viaje es que decidas cambiar lo que deseas escribir en tu historia. O sea, tu vida es como un libro en blanco que se va completando día a día con tus experiencias y acontecimientos. Procura, hoy, comenzar a escribir un nuevo comienzo para que disfrutes de tu mejor destino, pero, para ello, debes tener un motivo y metas, nuestros próximos temas. Siéntate cómodo y relájate; lo mejor está por venir.

Antes de continuar, quiero que hagas un autoanálisis que te ayudará a ir identificando las áreas de tu vida que deseas cambiar, mejorar o modificar. Para ello, debes ser honesto y objetivo sobre tus propias observaciones.

- Haz un inventario de tus dudas, preocupaciones o inseguridades.

- Identifica alguna conducta no deseada o que otros te han señalado.

- Busca en tu subconsciente (disco duro), etapas o eventos de tu vida que pudieron haberte marcado de forma negativa.

- Crea una lista de las áreas de tu vida que deseas mejorar antes de pasar al próximo capítulo.

Tú Porqué

Antes que hablemos sobre cómo llegar a tu meta, debemos identificar **tú porqué o motivo**. O sea, por qué deseas alcanzar tal o cual objetivo. Como consultor personal y corporativo, entre los cambios o mejoramientos que algunos desean lograr está su cuerpo, un tema que tocaremos en más detalle, más adelante.

Cuando llego a algún lugar, tan pronto las personas se enteran que soy entrenador, rápidamente me describen las áreas que desean cambiar, ya sea reducir o aumentar de peso o cómo tonificar sus brazos, y la lista es tan larga que podría completar el libro con solo describirlas. Sin embargo, cuando le pregunto por qué, se encogen de hombros y las respuestas varían. Desde lucir bien, por su salud, o porque tienen una fiesta y desean ponerse un traje que deslumbre la actividad.

Otros confunden motivación con motivo, un concepto que es importante entender antes de continuar adelante. Motivación es aquella que nos emociona al punto que nos hace querer algo.

Me explico, imagina que son las nueve de la noche, ves un video en YouTube sobre transformación física. La música es conmovedora, se escucha la voz de motivadores recitando palabras de aliento, la protagonista es mostrada con sobrepeso, mientras las imágenes de su transformación aparecen en la pantalla.

La muestran haciendo ejercicios, comiendo bien y mirando su cuerpo cambiar. O sea, el vídeo está excelente y tan bien hecho que hasta se te hace un nudo en la garganta. Te miras al espejo y te dices, "ya está bueno, mañana comienzo a hacer ejercicios".

Te sientas a revisar tu agenda del día siguiente y te das cuenta que tienes primero que llevar los nenes a la escuela, de ahí correr para tu oficina, pues tienes mucho trabajo, luego recoger a tus hijos, llegar a la casa a cocinar y hacer asignaciones, pero antes hay que llevar al nene mayor a la práctica de karate.

Pero te sientes motivada, pues acabaste de ver un vídeo tan impresionante que lo tuviste que ver más de una vez y compartirlo en tu página de facebook con tus amigos. Así que no hay un paso atrás, mañana es el día. Te percatas que tu única alternativa es levantarte más temprano y hacer ejercicios antes de salir de la casa.

Preparas la ropa, los zapatos deportivos y pones el reloj para las cinco de la mañana. Al día siguiente suena el reloj y ni te acuerdas por qué lo pusiste tan temprano. Abres un ojo, ves la ropa con la que ibas a hacer ejercicios y recuerdas que la noche antes habías decidido comenzar a ejercitarte. Luego miras el reloj, le ajustas la hora para más tarde y te dices: "mejor comienzo mañana", te viras del otro lado para dormir un poco más.

Es por eso que tener un gran motivo es más efectivo que sólo motivarte.

Motivación es como cuando insertas la llave para encender tu carro, le das vuelta pero una vez arranca el motor, tienes que apretar el acelerador—tu motivo—para que el auto se mueva.

En una ocasión, entrevisté a esta clienta que deseaba que trabajara con ella. Me dijo que quería bajar 20 libras para Navidad. Le pregunté por qué para diciembre y por qué 20 libras. Me miró en silencio, pensó por unos segundos y luego me contestó que deseaba ponerse un traje que ya había comprado, pero no le quedaba. Lo había visto a buen precio y era el único, así que en aquel momento se dispuso bajar de peso para usarlo.

Le pregunté si las 20 libras eran sólo para esa fiesta o si deseaba mantenerlas. Me dijo, aunque no muy convincente, que las mantendría. Le dije entonces que ese no era un motivo lo suficientemente fuerte como para que perdurara más allá de enero.

Algo incómoda y evidentemente molesta por mi comentario, me preguntó por qué lo decía, pues ella estaba determinada en mantener el peso. Le pregunté si anteriormente había perdido peso. Me dijo que sí, pero con un rostro algo avergonzado, pues resultó ser que sí había bajado unas cientos de libras... muchas veces. O sea, que ya era un hábito bajar de peso y volver a aumentar. La hice ver que eso ocurría precisamente porque no tenía un motivo lo suficientemente fuerte como para poder vencer la tentación en los momentos de debilidad.

Sus ojos se humedecieron y me contestó que tenía razón. Le pedí que pensara por un momento en algo que tuviese un profundo significado para ella. Le pregunté si tenía hijos y me contestó: "Sí, un varón de 7 años y una niña de 5". Continuamos conversando y la hice ver que ellos debían ser su porqué.

Le mostré una lista de todas las enfermedades previsibles que podía evitar si mantenía un peso y una vida en general saludable. Las lágrimas corrieron por sus mejillas, pues me decía que era débil y que entendía que sus hijos eran una prioridad, razón por la cual trabajaba tanto.

Durante la conversación, descubrí que estaba divorciada, no recibía mucha ayuda de su ex esposo y sus padres ya estaban ancianos. Mientras hablaba, me daba cuenta que era una extraordinaria mujer, luchadora y determinada en proveer a su familia todo lo que estuviera a su alcance.

Su trabajo le demandaba muchas horas, pero le permitía ganar lo suficiente como para poder suplir la necesidad de su familia. O sea, materialmente se sentía satisfecha de su esfuerzo y justificaba así cualquier otra deficiencia, como lo era el poco tiempo que podía dedicarle a sus hijos, y el deterioro de su salud a causa de una vida sedentaria y una pobre nutrición.

A medida que transcurría mi entrevista inicial, tomaba nota y me daba cuenta que su meta no debía ser únicamente bajar 20 libras para Navidad. Sin embargo, era algo que no podía forzar, debía llevarla a ella misma a descubrirlo.

Como consultor, llevo a mis clientes a encontrar el verdadero motivo para cambiar, ya sea de empleo, estudios o su cuerpo, como era este caso. Al llevarlos a esa conclusión, el porciento de resultados permanentes es más alto y las personas son más felices porque sienten que ellos fueron los que tomaron la decisión, nadie los obligó, lo que psicológicamente tiene un gran impacto en descubrir su propósito real de vida.

Finalmente identificó su gran motivo: sus hijos. Le pedí que colocara una foto de ellos en el espejo del baño, la nevera, auto, oficina y cualquier otro lugar que le obligara a verla durante el día. Entonces, le dije así: *"quiero que cada vez que mires la foto de tus hijos te hables en voz audible y afirmes que estarás ahí para disfrutar y apoyar cada etapa de sus vidas. Estarás en sus graduaciones de escuela y universidad, sus bodas, sus triunfos profesionales"*, y la insté a definir cada una de las experiencias que deseaba disfrutar con ellos. Para lograrlo, tenía que estar saludable y era importante mantener un nuevo estilo de vida.

Comenzamos a trabajar, llegó diciembre y no solo bajó sus 20 libras sino que las sobrepasó. Luego de un año mantenía su nuevo estilo de vida. Durante el tiempo de consultoría la había ayudado a organizarse y ahora le sobraba tiempo, no solamente para disfrutarlo con sus hijos, cuidar sus padres y demás obligaciones, sino que ahora también tenía tiempo para ella. La vida cambió de manera positiva porque identificó su motivo.

Tener una gran razón te puede dar la victoria en los momentos difíciles porque, créeme, llegarán. Antes de entrar a definir otros elementos que debes tener claro, y antes de dirigirnos a tu meta, quiero darte otro punto de vista que experimenté personalmente. Alrededor del año 2008, el mundo comenzó a sufrir una gran decadencia financiera y Puerto Rico no fue una excepción, ni yo tampoco. Dos años después, del cual te hablaré en detalle más adelante, perdí todo lo que poseía materialmente. O sea, trabajo, negocios, autos, cuentas de banco, entre muchas otras pérdidas.

La economía se desplomaba y con ella mis esperanzas de recuperar mi vida profesional. ¿Qué haré ahora? me cuestionaba. Alrededor de diez años antes, me había certificado como entrenador personal, instructor de varias clases grupales y había ejercido a tiempo parcial, pues era mi plan para entretenerme al retirarme. Así que le pedí a un buen amigo, que era dueño de su gimnasio, me diera la oportunidad de trabajar con él en lo que conseguía algún trabajo a tiempo completo en lo que trabajaba antes. Gustosamente aceptó, y lo primero que hice fue dar clases grupales, entre otras tareas dentro del gimnasio.

El tiempo pasó y ya me encontraba dando alrededor de 10 a 12 clases a la semana, supervisor de los "fitness coach" (entrenadores) y ofrecía servicios como entrenador personal. Trabajaba alrededor de 12 a 14 horas al día, cuando me di cuenta que mi plan de hacer algo a tiempo parcial en mi retiro se había convertido en mi modo de vida.

Déjame describirte un día de mi vida para ese entonces. Me levantaba a las 4:30 a.m., me preparaba y—como en muchas ocasiones no tenía dinero para gasolina—me montaba en mi bicicleta para pedalear unos 15 minutos hasta la estación del tren más cercana de mi casa, lo abordaba y me bajaba en la última estación para, de allí, pedalear otros 20 minutos hasta el gimnasio.

Al llegar, me bajaba de mi bicicleta para montarme en otra bicicleta estática para dar mi primera clase grupal del día; terminada, salía del salón para otro y ofrecer otra clase de pesas grupales, de ahí me ponía los guantes de boxeo para ofrecer una tercera clase de artes marciales (parecida a Kickboxing) que en ocasiones repetía.

Corría a cambiarme para hacer trabajo administrativo de los entrenadores personales, a las 4:00 p.m. me llegaban clientes para ofrecerles entrenamiento personal, a las 6:00 p.m. me volvía a cambiar para dar la última clase de bicicleta estática.

Una vez terminado el día de trabajo en el gimnasio, me montaba nuevamente en mi bicicleta para regresar a mi familia en la misma trayectoria que recorrí en la mañana. Si crees que no me cansaba te equivocas, mi cuerpo gritaba y me rogaba cada mañana que lo dejara descansar.

Sin embargo, mi mente me recordaba que ya no había días por enfermedad o vacaciones, tampoco un salario que llegaba, trabajara o no. Si no salía a hacer mi parte, mi familia no tendría comida ni un lugar dónde dormir. Eso me hacía saltar de la cama y volver a comenzar otro día de labores.

Lo irónico era que la gente me decía así: *"oiga Don, usted está bien fuerte, yo quisiera ser como usted cuando tenga su edad"*. Lo que no muchos sabían era por qué lo hacía, qué me motivaba ni mi motivo.

Si te das cuenta, utilicé mi consciente y subconsciente, identifiqué mi motivo y logré salir adelante. No fue fácil, realmente no lo fue, pero pude controlar mis pensamientos para mantenerme enfocado en *mi porqué...* mi familia. Esa mentalidad no solo me proveía la determinación que necesitaba, sino también me ofrecía energía y dirección, temas que hablaremos en las próximas páginas.

En resumen, todos en mayor o menor medida, desean hacer cambios en sus vidas. Algunos quieren bajar de peso pero no quieren hacer ejercicios y alimentarse saludablemente, otros quieren un mejor trabajo, pero les da temor los cambios, mientras existen quienes están en una relación que los mantiene presos porque les da lástima dejar a su pareja y prefieren vivir infelices por el resto de sus vidas.

Otros, como mencioné antes, prefieren mantenerse en una zona de comodidad sin tomar en cuenta la seriedad e implicaciones de no decidir, tomar riesgos y acción. Lo que quiero decir es que confundimos o, mejor dicho, nos autoengañamos pensando que estamos bien como estamos.

Amigo y amiga, quiero que comprendas que tener planes alternos hoy día es indispensable. Vivimos en tiempos en los que no podemos decir que tenemos un trabajo que durará toda la vida, más adelante te explicaré por qué pero, por ahora, piensa en las consecuencias que enfrentarías si te quedaras sin tu fuente de ingreso actual. O sea, ¿qué harías? ¿cómo vivirías o mantendrías a tu familia?

Como ves, un gran número de personas no quieren pagar el precio del sacrificio y la dedicación. No obstante, he descubierto que otros quieren un mejor destino, pero no saben cómo comenzar, mucho menos qué hacer para cambiar y alcanzar sus metas.

Si sigues los principios que te estoy enseñando, y los aplicas a diario hasta perfeccionarlos, alcanzarás lo que te propongas.

Antes de pasar al próximo tema, quiero que pienses en el motivo de o por qué deseas cambiar tu vida. Identifica qué amas, por quién y qué estás dispuesto a sacrificar, y por qué.

Meta

Saber hacia dónde queremos ir o tener una **meta** es clave no sólo para poder disfrutar de una vida plena y con propósito, sino también para sentirnos llenos de energía. ¿¡Energía!?... te preguntarás. Así es, leíste bien. ¿Recuerdas aquellos tiempos de la adolescencia, cuando sabías que al día siguiente saldrías de gira con tus amigos? Esa noche antes, apenas pudiste dormir pensando en todo lo que disfrutarías, mucho más cuando sabías que el chico o la chica que te gustaba iban para el viaje. ¿Lo recuerdas?

Al día siguiente, sin casi haber dormido, brincabas de la cama sin que tus padres tuvieran que pelear contigo para levantarte.

Imagino que estás pensando que cuando joven siempre tenemos energía. Aunque suena lógico y en parte tienes razón para pensar así, haz un alto por un momento y piensa en gente joven que siempre está cansada. Por otro lado, piensa en personas de setenta u ochenta años que tienen más energía que una persona joven, como lo era mi abuelo. Siempre lo recuerdo como alguien de una energía y entusiasmo increíble. La pregunta sería ¿por qué unos sí y otros no?

Existen muchos elementos asociados a la energía, de lo cual hablaremos cuando trataremos el tema del cuerpo. No obstante, es importante que comprendas que saber hacia dónde vamos y por qué, se nota hasta en la manera que caminas. Si miras caminar a alguien que no le gusta su trabajo, su auto o el estilo de vida que tiene, notarás que sus pasos son lentos, sus hombros caídos, su mirada ambigua y perdida, sin reflejar una gota de felicidad. Sin embargo, una persona satisfecha con su vida, que ama lo que hace, lleva un paso firme y determinado.

Hablemos sobre aspectos que necesitas tener claros y que te ayudarán a entender la fórmula ganadora para ser feliz. Son la base sobre la cual construiremos una estructura sólida que te permitirá ir añadiendo las demás piezas que necesitas para disfrutar de Tu Bienestar. Por lo tanto, no puedes pasar por alto ningún capítulo o página, pues podrías perder información valiosa que podrías necesitar en el camino.

Déjame decirte algo, si no tienes claro cómo llegar a alcanzar tu mayor potencial, no tienes un plan y objetivo definido hacia dónde quieres ir, es como caminar a la deriva o en círculo, no llegarás a ningún lado. El único resultado que podrías obtener es cansarte o quizás haber bajado unas libritas de tanto caminar.

Al inicio del libro te hablé acerca de la mente y nuestros pensamientos. Ya sabes que tu pasado, personas o eventos pudieron influenciar en lo que hoy eres. No obstante, debes tener claro que la opinión que otros puedan tener de ti no te define como persona. Para saber hacia dónde deseas ir, debes estar claro de quién eres o en quién te quieres convertir.

De esta manera, no habrá eventos del pasado, presente o futuro que te hagan abandonar el camino que has seleccionado. Para lograrlo debes comenzar por cambiar tus pensamientos, algo que no puede faltar en tu equipaje y que te recordaré frecuentemente a través del libro.

Llegarán momentos en que recordarás o vivirás las críticas, mofas y desalientos que te lanzarán otras personas. En el relato que te hice sobre la vida de Daniel "Rudy" Ruettiger, habrás notado cuántos desafíos tuvo que enfrentar para poder llegar hasta el destino que se había trazado. El no era mejor que tú, tampoco yo; tú también podrás lograr lo que te propongas. Déjame contarte un poco de mi pasado.

A la edad de 48 años, era vicepresidente de un banco en Puerto Rico, dueño de un gimnasio, tenía un SPA o salón de tratamientos corporales y de la piel, y mi esposa tenía un negocio de productos de belleza muy exitoso. En aquel momento me sentía en el tope de mi vida. Pensaba que todo lo que tocaba se convertía en oro, pues hasta aquel instante, mis decisiones habían sido muy acertadas, creía que sabía hacia dónde me dirigía y sentía que el éxito no terminaría. Pero ocurrió lo inesperado.

La vida me golpeó sorpresivamente. A causa de la depresión que atravesaba prácticamente el mundo entero para el 2008 y, como dije antes, Puerto Rico no era la excepción, en dos años perdí todo lo que poseía: negocios, casa, trabajo, fondos que había ahorrado para el retiro, autos, se nos metieron en la casa y nos robaron, a mi esposa le descubrieron células cancerosas, mi suegro murió sorpresivamente, entre otras situaciones difíciles.

En fin, no sólo me quedé sin nada a los 50 años de edad, con una pérdida ascendiente a un millón de dólares, sino que también sufrimos otros tipos de eventos dolorosos. Cuando ya muchos estaban pensando en su retiro, yo estaba en cero, y te confieso que no fue fácil.

Es duro ser positivo y optimista cuando el resultado de tus decisiones ha lastimado a tus seres queridos y sientes que le has fallado a aquellos que confiaron en ti. Las preguntas que posiblemente te estás haciendo son: ¿qué hice? ¿cómo lo enfrenté y me pude levantar? Te cuento que en aquel momento me di cuenta que tenía que establecer una nueva meta hacia dónde dirigirme.

Una de las técnicas que utilicé en ese periodo, fue recurrir a mi disco duro para buscar ayuda y poder enfrentar mi realidad.

Encontré la primera ocasión en la que me quedé desempleado, cuando era muy joven y comenzaba mi carrera profesional. Fue mi primera experiencia de trabajo en un banco y pensaba que sería el empleo en el cual permanecería toda la vida. Me gustaba lo que estaba experimentando, mis compañeros eran como mi familia y no tenía queja alguna.

Un 16 de agosto de 1984, citaron a todos los empleados a una reunión de emergencia. No lucía ser nada extraño, pues acostumbraban reunirnos frecuentemente, incluyendo eventos de celebración, así que caminamos por los pasillos sin tener idea de lo que enfrentaríamos. Una vez llegamos al salón, nos dieron la noticia de que el banco había sido cerrado por la agencia federal reguladora de las instituciones financieras. *"¿Qué?"* *"¿Pero, qué pasó?"* me preguntaba.

En la búsqueda en mi memoria, comencé a recordar aquel momento, no sabía qué pensar, qué pasaría o qué esperar. Sentí miedo, confusión y autosaboteaba mi optimismo con frases tales como: *"sabía que algo malo ocurriría, las cosas iban demasiado bien"*, *"¿qué haré ahora?"*

Estaba comenzando a crecer mi familia, mi hija Jessenia tenía unos ocho meses de nacida para ese entonces, y estaba presentando problemas con su sistema digestivo. Me intranquilizaba quedarme sin seguro de salud y me cuestionaba cómo cubriría los gastos médicos de ella. Mi mente seguía ahogándose en situaciones que aún no ocurrían como pensar que había posibilidades de que mi hija fuera intervenida quirúrgicamente, ¿cómo pagaría la casa, el auto?... y mi mente se inundaba de dudas y preocupaciones.

Es curioso cómo nuestra mente vaga por los problemas cuando

no tienes el control de ellos, comienzas a ver caos dónde aún no ha pasado nada, puertas cerradas cuando ni siquiera has intentado abrirlas, o derrotas sin haber comenzado la pelea.

El tiempo comenzó a transcurrir y, al mes de haber cerrado el banco, recibí una llamada de la oficina de recursos humanos de la agencia federal que había cerrado el banco. Me puse ansioso, pues sabía que habían reclutado algunos es-compañeros. Me citaron para el día siguiente. Esa noche, mi mente se encargó de no dejarme dormir. Estuve dando vueltas en la cama, pensando todas mis probabilidades, hasta que salió el sol.

Al día siguiente, me reporté a las 8:00 a.m., según me indicaron. Me puse mi mejor traje, salí afeitado y con el corazón que quería explotar. El reloj comenzó a pasar, así como mi ansiedad y nerviosismo. Otros compañeros habían sido citados también y, mientras esperábamos, compartíamos el desespero de saber qué nos dirían.

Ya era cerca de las 12 p.m. cuando escuché mi nombre, me levanté como un resorte y caminé hasta la oficina donde me esperaba la Directora de Recursos Humanos y el Jefe de las Operaciones.

Al entrar, la asistente cerró la puerta mientras ellos me miraron y me pidieron que me sentara. Abrieron mi expediente y conversaron un poco conmigo acerca de asuntos que no tenían que ver con el propósito de la reunión. Luego de ese día comprendí que me habían notado nervioso y buscaban relajarme, pero yo estaba desesperado por saber lo que tenían que decirme.

"Señor Cotto, hemos evaluado su experiencia y las recomendaciones que nos han hecho de usted y deseamos hacerle una oferta de empleo." En ese momento, mis rodillas dejaron de temblar, pero mi corazón comenzó a latir más rápido.

Comenzaron a decirme el nombre del puesto que ocuparía, los beneficios que tendría y, para mi sorpresa, me ofrecieron empleo oficialmente. No solo eso, sino que mi salario se duplicó en solo 4 semanas. ¡Wow! Al terminar de leer todo lo que tenían que informarme, me miraron y me preguntaron que si aceptaba el trabajo.

Cuando traté de contestar, comencé a reírme, pues dentro de mí había una gran alegría combinada con nerviosismo. Trataba de controlarme y no podía, ellos se miraron el uno al otro y podía leer en sus rostros que era la primera vez que alguien reaccionaba así. Sin poder contenerse, comenzaron a reír también.

Mientras reía sin poder contenerme, pensaba y me decía: *"¿que si acepto? ¿ustedes no saben lo que Yo he sufrido? Me están ofreciendo unas mejores condiciones de empleo, incluyendo el salario, y me preguntan que... ¿si acepto?"* Claro está, acepté y me disculpé por la reacción. Salí de allí casi brincando de alegría a buscar el primer teléfono disponible para llamar a mi esposa y darle la gran noticia, pues para aquel entonces, aún no existía el celular. Luego me decía: *"tanta preocupación para nada".*

Pasada esa experiencia, mi vida continuó su curso sin mayores consecuencias. Pero quería seguir encontrando información que me ayudara en mi situación presente, así que seguí buscando en mi disco duro y encontré otros datos. En el 1986 me había mudado para los Estados Unidos buscando nuevas oportunidades. Sin embargo, cuatro años después, en el 1989 viviendo en la ciudad de Miami, recordé que me había quedado nuevamente sin trabajo, pero en esta ocasión por 8 meses. Ese fue un golpe más duro que el que te conté anteriormente ocurrido en el 1984.

Comenzaron a pasar las semanas, los meses, y no conseguía trabajo así que comencé a desesperar. Ahora eran dos hijos, pues ya había nacido mi hijo Josué. No era fácil ver a mi hija de 2 añitos abrir la nevera y quejarse porque solo encontraba agua y leche.

Los niños son inocentes, pero honestos, hablan lo que sienten. Me sentía devastado y más confundido que nunca. A pesar de que no encontraba empleo, hice trabajos misceláneos, pues necesitaba llevar alimento a mi familia, mi gran porqué... mi motivo. Recuerdo que hasta vendí de puerta en puerta utensilios de cocina, entre muchas otras cosas, pero no era suficiente.

Para completar mi escenario, recibí una llamada de mi madre para decirme que tenía cáncer de mamas y debían extirparle un seno. Esa noticia me impactó y me dolió aún más. Para agravar más mi escenario, quería estar con ella, pero no tenía dinero para comprar el pasaje. Eso me motivó a vender más y pude reunir el dinero para llegar a Puerto Rico y ver a mi querida madre... otro gran porqué.

Días antes de salir, mi esposa me rogó que me llevara el resume para que intentara conseguir trabajo en Puerto Rico. Yo no deseaba regresar, pues pensaba que mi mejor futuro se encontraba en los Estados Unidos. A regañadientes, lo llevé conmigo y, para mi sorpresa, en una semana ya tenía oferta de empleo.

Lo que quiero que saques de esta experiencia es que, para llegar a nuestro destino, tendremos que atravesar desafíos y situaciones difíciles de enfrentar. En esos momentos, el personaje principal es nuestra mente.

Si no aprendemos a dominarla, ella nos controlará; y lo triste es que la mayoría de las veces tomará el camino más fácil, no necesariamente el adecuado, para llegar a nuestra meta. Es por eso que debemos llevarla a pensar en nuestro motivo, por qué no debemos darnos por vencidos y saber activar o desactivar tu consciente y/o subconsciente. ¿Vas entendiendo?

Volviendo al 2010, te cuento que al repasar mi disco duro (subconsciente) pude encontrar información valiosa de cómo enfrenté las vicisitudes del 1984 y 1989 y cómo las sobrepasé.

¿Sabes qué encontré? Luego de cada una de estas experiencias, mi vida mejoró, mis ingresos aumentaron, fui ascendido de puesto varias veces, incluyendo alcanzar una de mis metas: convertirme en vicepresidente de un banco.

Eso me dio valor, añadió fe y esperanza a mi nuevo reto del 2010. Entonces pensaba, *"Wow, esto está bien difícil, mucho más complejo que en el 84 y 89, eso quiere decir que mi recompensa será grandísima"*. Me llené de valor y comencé a pensar en cuál sería mi nuevo destino.

Steve Jobs decía que, para comprender nuestra trayectoria de vida, teníamos que unir los puntos que se cruzan en nuestro camino. Sin embargo, esos puntos - según relataba - se pueden unir únicamente mirando hacia atrás para poder comprenderlos.

Hay sucesos que ocurren en nuestras vidas que en algún momento nos causaron dolor, no entendíamos, pero luego nos dimos cuenta que fue lo mejor que nos ocurrió para poder disfrutar de una gran oportunidad, mejorar nuestra calidad de vida o hasta salvarnos de una catástrofe.

Yo también descubrí que hay puntos que sí podemos identificar mientras caminamos. En ocasiones deseamos algo, o queremos dirigirnos hacia algún lugar, y en la trayectoria podemos ver acontecimientos que nos confirman que vamos por el lugar correcto. Es como cuando vamos de vacaciones en nuestro auto hacia un lugar donde nunca hemos estado. Observamos los letreros que indican el nombre del pueblo, número de la carretera y otros datos que nos ayudan a saber que vamos por el lugar correcto hasta llegar a nuestro destino. Eso sí, es importante disfrutar del viaje, o te perderás de bellos paisajes.

Para llegar a nuestra meta, es importante estar muy pendientes a cada señal; para ello tenemos que utilizar nuestro consciente de manera clara y deliberada. O sea, mientras caminamos es indispensable que nos hagamos la siguiente pregunta: *"lo que estoy haciendo, ¿me está acercando a mi meta?"* Si la contestación es no, hay que hacer un alto, reevaluar nuestro caminar, modificar conducta y volver al camino.

Debemos también recordarnos de forma honesta y objetiva por qué deseamos alcanzar tal o cual meta. No olvides que si no tienes un gran porqué y amas lo que haces, no podrás soportar los momentos difíciles porque, créeme, tarde o temprano llegarán.

Quiero que sepas que, a pesar de lo ocurrido, pude reinventarme, rehacer mi vida utilizando y trazando una nueva estrategia que me llevaría hacia mi nuevo destino.

Esa etapa me enseñó a mantenerme de pie y a no darme por vencido. Te cuento esto pues quiero que entiendas que comprendo aquellos que, como Yo, han sido lastimados, han estado en el suelo y aturdidos por el duro golpe que la vida les dio. Sé lo que es tocar fondo y poder salir nuevamente.

Quizás estás en el tope de tu vida, sintiéndote realizado y con la mayoría de tus sueños alcanzados... también estuve ahí hasta ser golpeado. Cualquiera sea tu situación actual, es importante estar preparado para enfrentar los embates de la vida, pues ¿sabes algo? nadie está exento de ellos.

Vienen en diferentes tamaños y colores; cuando no es una enfermedad, es un problema económico o de injusticia, de pareja, y la lista es larga, sólo quiero que tengas una idea de lo que me refiero.

• Escribe, sin pensar en el cómo lo lograrás, tu meta o sueño.

• Establece el equipaje que necesitas, tus talentos, capacidades y fortalezas.

Preparación

Tener claro hacia dónde vamos y por qué genera un entusiasmo y energía tal que, no importa nuestra edad, estará presente desde el momento que abrimos nuestros ojos. Mucho más aún, cuando al abrirlos deseamos alcanzar la meta que nos hemos trazado tal y como aprendiste cuando hablamos sobre la importancia de tener un motivo y una meta. No obstante, ahora hablaremos sobre prepararnos antes de salir y de llevar el equipaje adecuado.

¿Te imaginas si prepararas el equipaje antes de seleccionar tu destino? Definitivamente que no funcionaría, pues tal vez la ropa que llevas es de invierno y, al llegar, te das cuenta que estás en el trópico. No funcionaría; mucho menos disfrutarías de tus vacaciones. Ahora debemos hablar sobre qué debes dejar y qué incluir.

Hace unos años atrás, mi esposa y yo planificábamos unas vacaciones hacia Europa. Visitaríamos Italia, Roma y otros lugares de ese hermoso lugar. Meses antes, me sentía con una energía increíble y decidí comenzar a prepararme.

Una de las cosas que hice fue comprarme un curso grabado y un libro para aprender un poco de italiano, otro sobre los lugares turísticos que debíamos visitar y planificaba el lugar más estratégico dónde hospedarnos para maximizar el viaje.

Llegó el gran día de salir para Europa y créeme, vivimos unas experiencias extraordinarias. Pudimos redimir el tiempo y visitar hermosos lugares en las dos semanas que tuvimos. Cada mañana al abrir los ojos teníamos claro lo que haríamos, pues sabíamos de antemano los lugares que visitaríamos. Eso no solo nos daba energía y entusiasmo sino que también permitió que maximizáramos la experiencia.

Una noche en Venecia, decidí llevar a mi esposa a un restaurante que ya había identificado mientras planificaba el viaje en Puerto Rico. Estábamos celebrando nuestro 25 aniversario y quería impresionarla.

Conseguí un lugar cuya descripción lo presentaba como un restaurante perfecto para una cena romántica. Era una noche hermosa, así que salimos del hotel y, como no era muy lejos, caminamos por los pasillos de Venecia. Llegamos al restaurante, ya había hecho la reservación, y pudimos disfrutar de una linda velada.

A nuestro regreso al hotel, nos dimos cuenta que la noche se había convertido en un escenario de película de misterio. Los pasillos estaban desolados, nuestros pasos retumbaban tal y como suenan en las famosas películas de Drácula. Había mucha niebla y no podíamos ver más allá de unos seis pies frente a nosotros.

Mi esposa estaba algo nerviosa y para completar el misterio de la noche, nos dimos cuenta que nos habíamos perdido. Como ya era algo tarde, no había nadie en los alrededores para poder preguntarle cómo llegar a nuestro hotel y la ansiedad comenzó a aumentar.

De pronto, escuchamos unos pasos y vimos a este hombre que caminaba hacia nosotros. Lo detuve y le pregunté si hablaba inglés, me contestó que no, volví a preguntar ¿español?... no.

Ya se iba a ir cuando recordé lo aprendido en el libro y grabaciones para hablar italiano que estudié antes del viaje y lo detuve así: *"mi scusi, potete aiutarmi?"* (que significa, disculpa, ¿me puede ayudar?).

Pensó que hablaba italiano y comenzó a hablarme rápido y tuve que detenerlo y decirle *"parla piccolo italiano"; "si prega di parlare lentamente per favore"* (hablo poco italiano, háblame despacio por favor). Finalmente me explicó muy despacio cómo llegar y para nuestra sorpresa, habíamos estado dando círculos por más de una hora con el hotel a cinco minutos de donde estábamos.

El punto que quiero resaltar aquí es que, el hecho de haberme preparado antes del viaje, me permitió disfrutarlo mejor, incluyendo poder comunicarme en un momento de mucha necesidad.

Al salir de viaje somos responsables de prepararnos para disfrutarlo, pero también para enfrentar los imprevistos. De no haberme preparado, esa hermosa velada habría sido empañada con un incidente aún más desagradable. Quiero que repases tus metas y revises qué imprevistos podrías encontrar. Por ejemplo, cuando trabajaba en banco (nuestro plan A) y las cosas lucían bien, establecimos una estrategia de familia. Le dije a mi esposa que teníamos que tener varios planes en caso que el plan "A" fallara. Eso hicimos, creamos 3 planes, luego 4 cuando abrimos el gimnasio.

Continuaba en la banca, mi esposa comenzó un negocio desde el hogar que le permitía generar un buen ingreso al mismo tiempo que atendía nuestros hijos, y yo me certifiqué como entrenador personal. Como recordarás en mi historia, lo perdimos todo y de, no haber sido por nuestro plan "C", todo habría desaparecido.

Cuando te lanzas al viaje de la vida, debes estar consciente que habrá momentos maravillosos y otros no tan maravillosos. Cuando menos te lo esperas, se te vacía la goma del auto, el motor se descompone, tu vuelo se canceló, el hotel extravió tu reservación o te enfermaste. Dependiendo de lo que hayas echado a tu equipaje, será como sobrepases ese momento. Si tienes goma de repuesta para cambiar la que se desinfló y sabes cómo cambiarla, tal vez te retrases un poco pero llegarás. A las damas le aconsejo aprendan a hacerlo, nunca sabes cuándo debes ponerte en acción.

Te daré algunos consejos de lo que debes incluir en tu equipaje de la vida, comenzando con la **paciencia.** Si no la tienes, te desesperarás en momentos que debes esperar. Algunas personas abandonan sus sueños cuando no llegan como quieren y cuando los desean. Lo triste del caso es que la mayoría de las veces se rinden cuando están a punto de lograrlo. No te desesperes, mantén el dialogo correcto en tu mente, sigue adelante y llegarás en el momento y de la manera que menos piensas.

El **AMOR** es otro factor indispensable. Existen distintos tipos de amor, entre ellos el amor a la pareja, hacia la naturaleza, a tus amigos, a tus hijos y a tus sueños. No hay forma de disfrutar el viaje si no amas lo que haces. Cuando llegan los momentos difíciles, sin amor no podrás mantener esa relación con tu pareja, no habrá forma que disfrutes del paisaje en el camino; y seguramente serás una estadística más sobre los que se levantan a realizar trabajos que odian y no complementan su existencia. Por lo tanto, ama y completarás la fórmula de gozar de bienestar.

La **PERSISTENCIA** es otro elemento que me ha ayudado a alcanzar cosas que jamás pensé que se lograrían. Cuando era niño, una de las filosofías que me enseñaban era que, si las cosas no salían rápido, era porque Dios no quería. A medida que crecí, me convencí de que en la mayoría de las veces no era que Dios no quería, todo lo contrario, encontraba obstáculos que debía superar para poder disfrutar del gozo de la victoria. Piensa en aquella clase de economía, estadística o química que odiabas en la escuela. No te gustaban, no siempre sacabas buenas calificaciones, pero tenías que insistir y ser persistente para poder pasar de grado, ¿cierto? Así que persiste y vencerás.

Incluir la **VALENTÍA** en el equipaje te ofrecerá la oportunidad de atravesar esos obstáculos que tarde o temprano llegan a nuestra vida y que hacen resistencia. Todos tenemos un súper héroe dentro de nosotros, un guerrero dispuesto a salir para emprender esa lucha y ganar la batalla. Pero somos los responsables de llamarlo o de mantenerlo oculto.

Valentía me da paso para decirte aquellas cositas que no debes llevar contigo y debo comenzar por el **miedo.** El miedo paraliza, te detiene por completo y no te deja avanzar, no importa cuán persistente seas. Podrás ser persistente pero, si tienes miedo, es como guiar tu auto con el freno puesto, no serás efectivo y podrías descomponer el auto y hasta tener un accidente.

El miedo fue puesto dentro de nosotros para que el primer hombre y la primera mujer identificaran el peligro de algún animal salvaje o un abismo en la oscuridad de la noche. Era como un tipo de alarma para proteger la vida. Hoy día, a esos miedos los confundimos con quedarte sin empleo, fracasar al intentar un negocio o pedirle a tu jefe un aumento de salario. En ninguno de estos tres ejemplos que te estoy dando tu vida corre peligro.

Deja el **rencor** y el **odio**, si los llevas comenzarás a enfermarte. Si tienes rencor contra alguien que te hizo mal, perdónalo. Si, así es, pero hazlo por ti, no necesariamente por él. Al hacerlo, sentirás liberación y podrás ser más feliz. No te estoy diciendo que te hagas su mejor amigo, simplemente déjalo ir. Odiar es un sentimiento que te traerá problemas en todo lo que hagas, relación con alguien, compañeros de trabajo y hasta con tu propia familia. Por lo tanto, no lo necesitas. Recuerda que bienestar es prioridad, y tienes el derecho de ser feliz; no obstante, depende de ti.

Otro elemento indispensable que añado a este mapa, y que necesitas llevar para tu mejor destino, se llama la **gráfica de la**

preparación y la oportunidad. Imagina una línea diagonal ascendente que sale de izquierda a derecha que llamaremos preparación. De igual forma, pero de derecha a izquierda, sale otra que llamaremos oportunidad. En algún momento se cruzarán, pero si la preparación no va ascendiendo consistentemente, podría pasar la oportunidad sin poder llegar a tiempo para interceptarla. Lo que quiero decir es que, si no estás preparado para cuando llegue la oportunidad, habrás perdido un gran trecho en el camino.

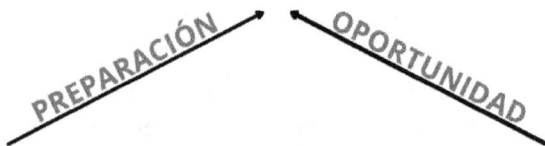

Cuando ejercía como entrenador personal a tiempo completo, entrené a una joven que jugaba voleibol profesional. Mientras entrenábamos, el equipo con quien jugaba la dejó fuera, o sea, no la seleccionaron para ser parte integrante en la nueva temporada que comenzaba a principios del próximo año.

Algo triste y decepcionada me lo contó; y le expliqué la gráfica de la oportunidad y la preparación. La exhorté a no dejar de entrenar y a estar lista para la oportunidad, que posteriormente apareció. Nunca te detengas, trabaja esperando que lo que deseas que ocurra en tu vida llegue y se haga una realidad.

Tu mente consciente y subconsciente son parte crucial de este proceso de vida. Si los utilizas correctamente, tal y como te he estado enseñando, aumentarás tus probabilidades de no perderte en el camino o de quedarte sin combustible.

O sea, si no alimentas de buenos, sanos y positivos pensamientos a tu mente, te puedes quedar sin fuerzas. Es muy importante mantener claridad sobre lo que deseamos, nuestro próximo tema, crucial para llegar a nuestra meta.

Claridad

Ya hablamos sobre la mente, su funcionamiento y el impacto que tiene nuestro consciente, subconsciente e inconsciente en nuestras decisiones. También hablamos sobre la importancia de tener un motivo antes de perseguir alguna meta y luego sobre la preparación. Antes de continuar, quiero que tengas claro que existen ciertos factores que no podemos controlar, no importa cuán preparados estemos.

Por ejemplo, no podemos controlar el clima, a otras personas, la bolsa de valores o las decisiones del gobierno. Mi filosofía de vida es no invertir esfuerzo, emociones o tiempo en cosas que no tengo control. Me enfoco diariamente a dirigir mi mente para que trabaje en aquellos asuntos que sí puedo controlar, como lo es mi carácter, mis decisiones y mis pensamientos.

En esta sección, quiero hablarte sobre tener **claridad.** Hay dos tipos de claridad de las cuales te quiero hablar. Está la claridad en el camino de la vida y claridad en nuestra identidad, quiénes somos y para qué hemos sido creados.

Inicialmente quiero que hablemos sobre tu identidad. Si recuerdas bien, cuando hablamos sobre la mente, te mencioné sobre el impacto que tuvieron en tu vida eventos, circunstancias y personas que de una u otra forma te influenciaron al punto de convertirte en lo que eres hoy.

Cuando era niño quería llamarme Johnny debido a la influencia de la televisión. Había una serie que se llamaba **Perdidos en el espacio,** que trataba de esta familia de astronautas que habían salido a una expedición y se habían extraviado. Se pasaban de planeta en planeta, buscando la manera de regresar al planeta Tierra.

Johnny era uno de los personajes principales y el galán, así como uno de los héroes de la serie. Cada episodio estaba lleno de aventuras, acción y drama. En mi imaginación revivía estas aventuras y hasta creaba las mías propias, siendo siempre el actor principal, claro está. Cuando somos niños tendemos a fantasear y forjar nuestra historia, y con ellas los resultados que queremos.

En mis consultorías me di cuenta que esta conducta prevalece en muchos adultos. Viven la vida imitando a otros o dejándose influenciar por anuncios, programas de televisión o información que leen en una revista. Un ejemplo claro son los que quieren transformar sus cuerpos en el de un modelo.

Creo firmemente que el cuerpo se puede transformar como se desee; sin embargo, no es tan fácil como se cree. Entonces, cuando les digo los esfuerzos que deben hacer, inmediatamente sus rostros se transforman y me dicen *"bueno, en realidad no es que desee ser tan literal, con unas libras que baje es suficiente"*. O sea, tan pronto los confronto con su realidad, estilo de vida y deseos genuinos caen en tiempo y actúan como son.

Les transmito información que los dirija a explotar su personalidad, sus recursos, y sentirse bien con los resultados que persigue. No hay manera de ser feliz tratando de ser otra persona, sin valorar lo que somos, queremos y anhelamos.

El Gran Combo de Puerto Rico es un grupo musical del género de la salsa latina. Hace años cantaban una canción que se titula *"El Caballo Pelotero."* Es la historia de este caballo que pertenecía a un equipo de *"baseball"* y en uno de los partidos lo traen a batear.

Con las bases llenas logra conectarle a la pelota. El narrador o coro de la canción grita… *"y la bola se va, se va, se va y la bola se va";* describiendo lo poderoso del batazo y lo lejos que iba la pelota. Mientras tanto, el caballo se queda parado y todos le gritan, *"¡corre caballo corre!".* A lo que el caballo les responde, *"si yo corriera, estuviera en el hipódromo".*

El caballo había convencido a todos que era un pelotero, él también lo creía, y lo hacía bastante bien. Sin embargo, no pudo completar su parte, pues su orgullo nubló su visión, creyendo que si corría se darían cuenta de lo que realmente era, un caballo.

El pobre estaba tan confundido que, aunque bateó, no completó su tarea que incluía correr.

Lo que quiero decirte es que en ocasiones podrás imitar a otra persona y las cosas te podrán salir bien a mitad del camino pero, tarde o temprano, te darás cuenta de que esa no es tu misión y propósito de vida. Te encontrarás tratando de impresionar a otros, poniendo a raya tu verdadera identidad.

Si has estado tratando de impresionar y agradar a tu pareja, patrono, padres o alguna otra persona, menos a ti mismo, tengo buenas noticias, es hora de retomar tu vida y tu verdadero llamado.

Tal vez te preguntes, *"¿en quién?".* Debes saber o recordar primeramente que eres un ser extraordinario, lleno de virtudes, talentos y capacidades, y que puedes darle un giro positivo a tu vida. Cuando menciono esto, no me refiero a dinero, poder o autoridad, no, sino a ser feliz.

El dinero, fama o poder no compran la felicidad, créeme. Conozco doctores y abogados, entre otros profesionales, que no son felices y tienen que vivir realizando una labor que no les apasiona. Algunos de ellos la escogieron porque creyeron que harían suficiente dinero para vivir como les placiera, pero no funcionó.

Tener claridad en la vida nos ofrece la oportunidad de vivir con propósito, sabiendo a cada instante lo que deseamos ser y hacia dónde vamos. No cometas el error de perseguir sueños que no son los tuyos, mucho menos en convertirte en alguien que no eres, eso sería devastador.

Sé tú, únicamente tú, pero reconociendo dónde o qué áreas de tu personalidad deben ser modificadas.

Por otro lado, debemos estar claros que no vivir de acuerdo a nuestros valores, integridad y creencias nos saca de balance e, incluso, al no sentirnos alineados nos frustra y confunde. Por el contrario, si mantenemos equilibrio, logramos ver mejor para tomar decisiones acertadas en torno a nuestro presente y futuro.

Antes de emprender cualquier jornada de vida debes hacerte estas preguntas: *¿quién soy? ¿en quién me quiero convertir? y ¿qué es importante para mí?"* Una vez identificas o contestas estas preguntas, debes tomar control absoluto de tus pensamientos. Ellos son los que modificarán tu carácter y te darán claridad de lo que deseas alcanzar.

Una vez tu mente es programada, tus acciones se convertirán en instrumentos de avance. O sea, no querrás parar hasta lograrlo, pues ya sabes lo que quieres que ocurra en tu vida. Entonces, utilizarás lo aprendido y te convertirás en una persona segura de sí misma, victoriosa a pesar de los obstáculos y, como consecuencia, no solo obtendrás el éxito anhelado, sino que serás feliz.

Al tener claridad de quién eres, automáticamente verás mejor el camino por el cual debes caminar y que te llevará a tu mejor momento.

Actitud Positiva

No hay manera de que puedas tener bienestar si no entiendes los conceptos básicos sobre el impacto de tu mente y pensamientos. Saber cómo funciona tu consciente, subconsciente e inconsciente, así como los demás componentes que irás aprendiendo, es esencial para alcanzar tu máximo potencial, como ya te he mencionado varias veces.

Por lo tanto, si tienes dudas de cómo funcionan, debes hacer un alto; regresa y repasa los conceptos para que puedas seguir construyendo este mapa que te dará la llave para tu felicidad.

Ahora quiero hablarte sobre mantener una **actitud positiva,** una frase muy de moda y que no todos la interpretan adecuadamente. Cada uno de nosotros estamos pensando constantemente, sintiendo o reaccionando. Si analizamos estos tres componentes, descubriremos que son los que nos ocupan todo el tiempo y es lo que da forma a nuestras actitudes.

De manera sencilla, lo que quiero que entiendas es que cuando enfrentamos alguna situación que necesita nuestra atención, comenzamos por pensar. Por lo general, estos pensamientos van dirigidos por nuestras creencias y principios, o sea, lo que aprendimos mientras crecimos, de lo cual ya hablamos en el tema sobre la mente, al principio de este libro.

Luego que pensamos, comenzamos a sentir distintas emociones, entre las cuales podría mencionar: *inseguridad, miedos, optimismo, confianza, aceptación o culpa,* entre muchas otras. Luego de haber pensado y sentido, haremos o no haremos algo para atender la situación que tenemos frente a nosotros.

O sea, la actitud que tomemos hacia algún acontecimiento de vida no es sólo un punto de vista que pudiera variar entre una persona y otra, situaciones, eventos, objetos, lugares o fenómenos. Es, esencialmente, el resultado de una evaluación que pudiera ser positiva o negativa, dependiendo del nivel de agrado o desagrado de la interpretación que le hemos dado a lo que estemos enfrentando.

Déjame darte un ejemplo. Durante mis consultorías me encuentro frecuentemente con esta pregunta: *"Frankie, comencé a hacer esta rutina de ejercicios, ¿crees que está bien?"* Mi contestación: *"Hay cosas en la vida que no se pueden definir entre bien o mal"*.

Te explico a lo que me refiero, digamos que vas de viaje pero tienes que decidir si te irás por el este o el oeste. Por ambas rutas vas a llegar, la única diferencia es que por el este llegarás en menos tiempo, pero el paisaje no es muy agradable. Sin embargo, por el oeste disfrutarías de un viaje placentero disfrutando del pintoresco panorama.

En el ejemplo que te acabo de dar, a una persona tal vez no le importe el paisaje sino llegar lo antes posible; para otra, el paisaje y disfrutar del viaje es esencial, mientras que encontrarás a otra llamando a todos sus amigos para que le digan lo que debe hacer.

Cada una de ellas desea llegar al mismo lugar, pero no todos optarán por el mismo medio. Algunos estarán firmes en lo que quieren y cómo lo obtendrán, mientras que otros se sentirán perdidos, inseguros y paralizados por el miedo a fracasar. Estas emociones, como ya te he mencionado, están arraigadas a sus experiencias del pasado.

Te quiero recalcar; y debes estar claro de algo, no estamos buscando culpables, mucho menos culpar a tus padres, maestros, vecinos o personas que hayan impactado tu vida negativamente. Ellos hicieron lo mejor que pudieron dentro de sus experiencias y conocimientos.

Estamos hablando de tener la actitud correcta, identificar por qué somos como somos o reaccionamos de tal o cual forma, modificar conducta y mejorar tu destino.

Como ya te he mencionado, todos reaccionamos de distintas maneras, mayormente por experiencias de un pasado que no debe limitarnos, o la interpretación que le demos a tal o cual circunstancia o comentario. No permitas que nada ni nadie se interponga entre tú y una vida de profundo significado.

Ahora bien, para entender de dónde surge nuestra actitud, debes saber que solo hay tres actitudes; una actitud positiva, una actitud negativa y una actitud neutral. No obstante, de manera generalizada lo que más quiero que entiendas, y debes tener presente, es que una actitud es lo que se expresa.

A continuación menciono algunos ejemplos de distintas actitudes:

- Aceptación

- Cortesía

- Alegría

- Inferioridad

- Respeto

- Persistencia

- Honestidad

- Simpatía

Estas son algunas de las actitudes que se pueden confundir con rasgos de personalidad; permíteme explicarte la diferencia entre ambas. Los rasgos de personalidad son más rígidos y permanentes, mientras que las actitudes pueden cambiar con distintas realidades y experiencias de la vida.

Te doy otro ejemplo. Una de mis responsabilidades cuando trabajaba en la banca era la seguridad. O sea, todo lo relacionado a la prevención, protección de activos y vidas. Cuando asaltaban alguna de las sucursales, ya existía un protocolo a seguir que previamente le enseñaba a los empleados, y era describir al asaltante. Definir los rasgos puede ser determinante a la hora de atrapar a un criminal. Por lo tanto, una vez salía el individuo, tenían instrucciones de cerrar las puertas, clausurar las áreas donde el asaltante había estado y repartir entre los presentes una hoja para describir lo que recordaban acerca de la persona que había cometido el delito.

Cuando llegaba la policía, entrevistaba a todos los testigos y parte de la información era la hoja que previamente habían completado. Con estos datos, en muchas situaciones las características o rasgos sobresalientes que las personas recuerdan y que en muchas ocasiones resultan poco usuales, sirven para hacer una descripción inicial que en ocasiones servía para poder identificarlo.

Resumiendo un poco, lo que me interesa que comprendas es que los rasgos de personalidad son una forma de comportamiento que nos permite clasificar o determinar si una persona es valiente, deshonesta, transparente, orgullosa, entre otras. Por otro lado, algunos de estos rasgos se repiten casi automáticamente, lo que nos permite predecirlos por el hecho de ser algo que tiende a repetirse cada vez más con el paso del tiempo.

Por otro lado, las actitudes son aprendidas y adquiridas. Si creciste en un ambiente pesimista y negativo, es muy probable que veas un problema en toda circunstancia o un problema donde no lo hay. Esto ocurre debido a que las actitudes son juicios o conclusiones que sacamos sobre determinadas experiencias de la vida.

En esencia, lo que piensas, lo que haces, y lo que sientes es lo que forma tu actitud. Por ejemplo, si alguna chica dice, *"me gusta hacer ejercicios"*, representa el pensamiento positivo de ejercitarse. Esta actitud se forma porque cree que a ella le gusta, o se siente feliz mientras se ejercita. Por otro lado, cuando alguien dice, *"No me gusta hacer ejercicios"*, representa una actitud negativa de esa persona hacia ejercitarse. O bien piensa que sí, o cree que el ejercicio no es necesario.

Ambos casos podrían tener muchas razones para el desarrollo de esas actitudes. En el primer caso, la chica puede pensar que el ejercicio es bueno para la salud o ella disfruta hacerlo. Cuando ejercía a tiempo completo como entrenador, tenía clientes que preferían invertir en un entrenador que en un SPA, pues decían que al terminar cada sesión se sentían relajadas y bien consigo mismas.

Por otro lado, otra persona puede odiar ejercitarse debido a numerosas razones que le hacen sentirse así o le hacen creer, y cree, que no es necesario hacer ejercicios. Posiblemente porque no creció en un ambiente físicamente activo, o porque en su crecimiento no estuvo expuesta a los beneficios de ejercitarse.

Mantener una actitud positiva tampoco es pensar positivo. En la película y el libro *"El Secreto"*, se habla mucho acerca de pensar y afirmar lo que se desea, algo que le llaman la *"ley de atracción"*. O sea, el mensaje principal es que si, por ejemplo, piensas en la casa de tus sueños, el auto de lujo que tanto te gusta y el estilo de vida de un millonario, tarde o temprano lo recibirás porque lo visualizaste e, incluso, te enseñan a crear una pizarra con imágenes, ya sea por fotos o recortes de revistas, que representen las cosas que anhelas.

Creo que lo visual e imaginar lo que deseamos es parte importante de nuestra modificación de actitud. Anticipar lo que deseamos alcanzar en nuestros pensamientos es importante, pero no es lo único que debemos hacer.

Sin embargo, en *"El Secreto"*, muy poco se dice sobre el arduo trabajo, hacer tu parte para alcanzar tus sueños, y lo difícil que en ocasiones se torna tu camino. Te presentan un escenario casi perfecto y muy fácil de ejecutar.

Honestamente, no creo que podamos alcanzar nuestros sueños con solo pensar positivo o desearlo. Debe existir un plan de acción, crear estrategias y trabajar fuerte para lograr el éxito que deseemos. Si seguimos el ejemplo que te mencioné antes sobre la chica que le gusta hacer ejercicios versus la persona que odia ejercitarse, encontraremos un gran ejemplo de lo que quiero decirte.

Digamos que la chica a la que le gusta ejercitarse cree que ya no tiene que hacerlo porque le enseñaron que pensar positivo y visualizar la figura y la salud deseada es suficiente. Que todos los días solo tiene que mirarse en el espejo y visualizar en su mente unas piernas y brazos tonificados, un abdomen plano y un rostro juvenil. Ya no tiene que hacer ejercicios ni alimentarse nutritivamente, pues aprendió que solo debe pensar y tener una actitud positiva.

Imaginemos por un momento que ella logra controlar sus pensamientos, que realmente lo cree y todos los días hace una rutina de imaginarse alcanzando su meta. ¿Qué crees ocurrirá al cabo de seis meses? Claro, estará en sobrepeso, sus piernas y brazos se llenarán de celulitis por una mala alimentación, y su abdomen habrá aumentado. Tener solamente una actitud positiva no te dará lo que deseas; debe estar acompañada de arduo esfuerzo, un plan de acción y la dirección correcta.

Ciertamente tener una actitud positiva es esencial para estabilizar nuestras vidas, poder lograr lo que nos propongamos y ser más felices.

Lo que no creo es que todo lo que se necesita para darle la dirección deseada a tu vida sea simplemente pensarlo e imaginarlo. Nuestra actitud es nuestra responsabilidad; somos quienes decidimos si nos hundiremos en pensamientos limitantes o si veremos una oportunidad en eventos que no lucen placenteros.

Si me hubiese mantenido negativo cuando lo perdí todo a mis 50 años de edad, habría terminado sumido en una depresión y hasta, posiblemente, habría atentado contra mi propia vida, como lamentablemente hemos escuchado le ha ocurrido a cientos de personas.

Por el contrario, me repetía lo siguiente: *"soy consciente de que me espera un duro desafío, pero confío en Dios y mi capacidad para reconstruir mi vida y llegar a puerto seguro"*. Pienso que el origen de la ley de atracción es genuino, pero algo tergiversado con la fe, un tema que hablaremos más adelante.

Termino con un pensamiento que escribí hace un tiempo atrás:

"Tienes la potestad y opción, de ser esclavo de tus pensamientos o puedes controlarlos para cambiar tu destino. No asumas que es inevitable. Creer que ellos te controlan desde aquellas falsas ideas adquiridas por el tiempo es un gran error. En ti habitan dos seres, uno débil y otro fuerte. Deja que el ser fuerte gobierne tu vida, aquel ser de pensamientos elevados, libre de inferioridades y dispuesto a superarse."

Frankie Cotto

Decidir

Durante tu formación como ser humano vas pasando por la vida y comienzas a tomar decisiones, tales como la profesión que estudiaste o que seleccionaste, la pareja con quien compartes tu vida, decisiones sobre el cuidado de tu cuerpo y bienestar en general, decisiones financieras, entre muchas otras. Hasta hoy, habías creído que las tomaste de manera consciente, pero ya en este punto donde nos encontramos debes saber que la mayoría fueron tomadas por tu subconsciente.

Antes de continuar, quiero estar seguro de que estás entendiendo estos conceptos, pues te ayudarán a cambiar el rumbo de tu vida. Debes tener presente que se trata de tu mejor destino; y para ello es necesario que poseas las mejores herramientas.

Este primer capítulo es el fundamento de todo lo demás que aprenderás; y te ayudará a mejorar tu bienestar. Créeme, te sorprenderás de los resultados que puedes obtener.

Cuando me quedé sin nada, tuve que enfrentar una realidad que no había enfrentado antes; mi antigua profesión ya no volvería. Para aquel entonces, mi carrera profesional fue mayormente en la banca, como ya te he comentado antes. Cuando comencé a trabajar en el 1980, en Puerto Rico existían 22 bancos, en aquel momento quedaban 8, hoy 6, y el puesto que ocupaba es uno por banco. Esto significaba que mi posibilidad de conseguir un trabajo equivalente al que tenía era prácticamente ninguna.

Lo intenté, créeme, pero rápidamente entendí que no era posible; o sea, tenía que reinventarme. Hice un inventario de lo que poseía y encontré que me gustaban los ejercicios, poseía una certificación como entrenador personal e instructor de varias clases grupales que tomé cuando era dueño de mi negocio de fitness.

Así que un amigo me permitió trabajar en su gimnasio e hice básicamente todo lo que aprendí cuando tuve el mío: fui entrenador personal, instructor de varias clases grupales y supervisé a los entrenadores personales como te mencioné antes.

En ese periodo, mi amigo Desmond Santiago, y dueño del gimnasio; un día me dijo: *"¿por qué no creas algo para la gente mayor de 50 años?"* El entendía que había pocas personas que se vieran y movieran como Yo. Lo escuché, pero en ese preciso momento no tomé en serio lo que me dijo porque mi subconsciente inmediatamente se encargó de crear en mi consciente dudas e inseguridades. Me decía: *"¿Tú? Pero si no pudiste mantener tu gimnasio abierto, no tienes mucha experiencia, hay mejores y más cualificados entrenadores e instructores que tú";* entre muchas otras afirmaciones negativas hacia mí mismo. Así que lo dejé todo ahí.

Dos semanas después, otro amigo, Alex Ochart. me dijo lo mismo y fue ahí cuando por primera vez me detuve a pensarlo, aunque te confieso que seguían mis dudas e inseguridades. Sin embargo, Alex no permitió que declinara y no considerara el reto lanzado. Me dio una lista de personas que habían logrado un gran éxito en la industria del *fitness* para que leyera sus biografías, y me dijo que luego discutiéramos lo que había encontrado.

Muy interesante el resultado: encontré que ninguno de ellos había cursado estudios sobre el *fitness,* no poseían certificaciones y solo contaban sus experiencias. ¡Wow! Eso despertó gran esperanza en mí y me movió a decidir comenzar y escribir mi primer libro que titulé **Tu mejor cuerpo a cualquier edad.** Alex me decía: *"¿quién puede decirte que lo que haces no funciona? Mira tu cuerpo, te ves más joven, fuerte y balanceado que personas más jóvenes, solo cuenta cómo lo lograste."* Luego de eso, creé mi Sistema 40x4, del cual te hablaré en el tema del cuerpo, y comencé a recibir invitaciones para dar conferencias, talleres y otros eventos.

Mi vida dio un giro de 180 grados, haciendo algo que me gustaba. Todo porque tomé la decisión de enfrentar mi subconsciente con las realidades de mi vida, identifiqué mis temores e inseguridades, los vencí. Alex me sirvió—y sigue siendo—mi consultor personal. Creé un plan y salí adelante.

Durante mis años de entrenador, y ahora como consultor personal y corporativo, conocí muchas personas que tenían sobrepeso, con condiciones o enfermedades tales como diabetes, colesterol alto, problemas del corazón, inseguridades en el empleo, operacionales, de pareja, entre muchas otras condiciones previsibles. Las decisiones que tomaron por muchos años antes los llevaron a desarrollar estas enfermedades o situaciones. Aún así, tenían la oportunidad de revertir muchas de estas condiciones o problemas con sólo decidir crear nuevos hábitos alimentarios, incluir el ejercicio en su rutina semanal, cambio de actitud, claridad, etc.

Sin embargo, muy pocos lograban implementar y mantener un nuevo estilo de vida. Preferían vivir con píldoras para calmar o controlar el síntoma, en lugar de buscar la raíz del problema para eliminarlo de sus cuerpos. Si era una cuestión profesional, justificaban sus miedos o inseguridades para mantenerse en la zona de comodidad de la cual ya hemos hablado. La pregunta que siempre me hacía era ¿por qué? ¿Cómo puedo ayudar a las personas que necesitan cambiar hábitos para ampliar sus años de vida, tener mejor salud, un mejor empleo o relación de pareja, y vivir mejor? En esa búsqueda fue que descubrí todas las herramientas que enseño en mi programa "**TU BIENESTAR ES PRIORIDAD**".

Entre los hallazgos que encontré fue que las decisiones que tomamos en la vida están centradas en lo que hemos creído, aprendido y copiado; y que está grabado en nuestro subconsciente. Estas decisiones se van convirtiendo en hábitos que a través del tiempo dominan tu consciente; y no has podido crear una estrategia para poder superarlo, eso hasta el día de hoy. Si estás leyendo este libro es porque te interesa tener bienestar; ese fue tu primer paso. Los pasos subsiguientes están plasmados en las páginas que aún nos faltan por recorrer juntos.

Luego podrás obtener más información en mi página: www.TuBienestarEsPrioridad.com, la cual he creado para ayudarte a mantenerte enfocado, nuestro siguiente tema.

Ya te habrás dado cuenta que para alcanzar tu máximo potencial no sólo tienes que cambiar tu manera de pensar sino también tomar decisiones.

No es fácil, pero puedes lograr lo que te propongas. Debes tener presente que tienes el poder más grande que cualquier ser humano posee, y es el poder de decidir.

Así que si decides cambiar, te dolerá tal y como cuando haces ejercicio. Tus músculos quedan adoloridos, pero fue o puede ir cambiando, luciendo mejor y rejuveneciéndose. Eventualmente, ese dolor desapareció o desaparecerá. En mi caso, de no haber tomado esa decisión, habría tenido que enfrentar otro tipo de dolor, y lo triste es que habría sido permanente. La pregunta es, ¿qué decidirás?

*"**Posees la llave** que abre la puerta hacia tu nuevo destino...*
*Y se llama **el poder de decidir**.*

Puedes quedarte donde estás o comenzar a moverte hacia tu meta.
Tus decisiones del pasado te han traído hasta aquí,
decide ahora dónde quieres estar en el futuro
y trabaja para hacerlo realidad."

Frankie Cotto

Enfoque

Nuestro último tema, en esta primera parte, lo separé para hablarte sobre cómo mantener el enfoque. Si no estás consciente de hacia dónde deseas ir, te perderás en el camino. Por otro lado, cuando sabes lo que quieres y te lanzas a la conquista de tu objetivo, es como convertirte en un misil pre-dirigido; no se detiene hasta llegar a su objetivo porque fue pre-programado. Como te darás cuenta, ya en este punto debes estar uniendo los puntos y comprendiendo mejor el poder de tu mente y cómo ir preparándola, controlando y re-programando para poder alcanzar tus objetivos y disfrutar de bienestar.

Para comenzar a aprender a enfocarnos, debemos estar conscientes que tendremos que cambiar y/o modificar hábitos. Si piensas conmigo por un momento, te darás cuenta que existen ciertos patrones que realizas cada día para obtener los resultados que hasta el momento has logrado.

Esto quiere decir que, si sigues haciendo lo mismo que hasta el momento, seguirás obteniendo los mismos resultados. Por lo tanto, tu enfoque cada día debe estar en cuestionar tus acciones y reenfocar tus pensamientos hacia aquellos que te dirigirán hacia tu objetivo.

Una de las primeras enseñanzas que les ofrecen a los conductores novatos que comienzan su vida profesional conduciendo autos de carrera de circuito es no enfocarse en la valla protectora cuando pierdan el control del auto y este comience a dar giros. Le dicen que no se enfoquen en la valla, pues si lo hacen terminarán accidentándose con ella.

Sin embargo, si se enfocan en la salida, la encontrarán y tendrán más probabilidades de no chocar. Si aplicamos este principio a nuestra vida, saldremos exitosamente y podremos mantenernos en el camino por el cual hemos decidido caminar.

Si estuviéramos hablando de una meta de bajar de peso, no te enfoques en pensar por qué no bajas de peso, pues tu subconsciente te recordará todas las veces que lo intentaste y fracasaste o pensamientos del pasado que te harán creer que todo lo que comienzas, no lo puedes terminar.

Sin embargo, si te preguntas "¿cómo puedo bajar de peso?", tu mente responderá con alternativas tales como: conseguir un entrenador, un libro, información o talleres que te ayuden a establecer una estrategia que funcione. Este principio lo puedes aplicar a tu negocio, relación amorosa o cualquier otra. Debes desbordar toda tu energía y entusiasmo en aquello que deseas lograr, al punto que, cuando abras tus ojos cada mañana, veas tu meta y fluya en tu cuerpo el entusiasmo de lo que va a ocurrir en tu vida.

No quiero que creas que será fácil o que existe una fórmula secreta, mucho menos mágica. Te tomará esfuerzo, mucha concentración y práctica. Enfoque requiere visualización en lo que quieres lograr; o sea, no hay manera de llegar a un lugar que no puedas ver o imaginar. Lamentablemente, hay personas que se mueven por emoción. Me explico: si se sienten contentos trabajan y se esfuerzan con una sonrisa en su rostro; y al día siguiente, si no durmieron bien o les toca realizar alguna tarea que no les gusta, su entusiasmo se desvanece como el agua entre los dedos.

Si no estamos claro de este factor llamado emoción, serás como las olas del mar, que van y vienen. Estoy seguro que has visto tu película preferida más de una vez, quizás en diez o en más ocasiones. ¿Por qué crees que esto ocurre? Simplemente porque quieres experimentar las mismas emociones que sientes cada vez que la ves. Para alcanzar nuestras metas y objetivos, debemos ser consistentes en nuestras acciones, decisiones y hábitos. De lo contrario, nunca llegaremos a nuestro destino.

Hablemos ahora sobre establecer nuevos hábitos, pues créeme, es extremadamente importante. Cambiar no es fácil, como te mencioné antes, requiere una disposición y deseo profundo de modificar una conducta que has estado haciendo por años. Sin embargo—como ya te he dicho—para tener resultados diferentes, debemos hacer cosas distintas y crear nuevos hábitos; es la clave.

Haz un alto para escribir tu meta y anota una lista de aquellos hábitos que puedas identificar que limitan tu progreso. Por ejemplo, si tu meta fuera bajar de peso, posiblemente te encuentres comiendo tarde en la noche, un hábito muy común en personas en sobre peso. Si fuera un déficit financiero, es probable que encuentres tu pasatiempo en el centro comercial comprando cosas que no necesitas. Adelante, prepárala pues es muy importante para poder continuar.

Estoy consciente de que no es fácil, pero no quiero que te preocupes por eso; todos aquellos que hemos salido adelante y alcanzado metas hemos vivido lo que hoy estás experimentando. La buena noticia es que no es imposible; no soy mejor que tú. El primer paso es comprometerte contigo mismo. Haber adquirido este libro me muestra que eres alguien que desea alcanzar su máximo potencial; eso te hace una persona distinta y diferente como te lo expresé al principio de este libro. No olvides, crear un futuro deslumbrante requiere deseo de superación, esfuerzo, concentración y acción.

Cuando era niño, mi papá nos llevaba a almorzar los domingos y nos preguntaba qué queríamos comer. En muchas ocasiones no nos atrevíamos pedir, pues pensábamos que el plato que deseábamos era muy costoso; sin embargo, cuando el dinero no era cuestionable papi nos decía *"¡pidan sin miedo!"*. Eso era como ver el semáforo verde—sabíamos que el dinero no era un problema.

Una vez identificas y sabes lo que quieres, debes comenzar a cambiar y a hacer, así que pide sin miedo. No te preocupes del cómo lo alcanzarás; eso lo irás descubriendo en el camino. Por ahora concéntrate en esa meta que te has trazado y enfócate en ella como si tu vida dependiera de ella.

Vendrán días en que no tendrás ánimo de nada, querrás quedarte en la cama y no hablar con nadie. Es en esos momentos que sabrás cuán enfocado y comprometido estás con tus metas. Todo lo que has aprendido hasta ahora deberás utilizarlo para salir adelante.

Debes recordar el poder de tus pensamientos, mantener una actitud optimista, mantener el enfoque, y moverte, aunque no tengas deseos de hacerlo. Mark Twain dijo en una ocasión *"El poder milagroso que distingue a unos cuantos se puede encontrar en el trabajo de ellos, en su aplicación y perseverancia, motivados por un espíritu valiente y determinado."*

Eres una persona especial; como ya te mencioné, tener este libro en tus manos es señal de que así es. Sé que te lo he mencionado antes, lo repito, pues quiero que lo creas.

Se fuerte y esforzado, mantén el enfoque y nada te podrá detener. **¡Yo Voy A Ti!**

El Cuidado de tu Computadora

Si no tienes cuidado de tu cerebro, aumentas las probabilidades de no vivir el futuro que siempre has soñado. ¿Cuántas veces has escuchado o leído sobre el cuidado de tu cerebro? No sé tú, pero yo, no mucho. Ya hemos hablado sobre la mente y tu actitud pero debes saber que ambos nacen del cerebro.

Al momento de escribir este libro, mi padre era paciente de Alzheimer. Cuando fue diagnosticado, comencé a leer sobre cómo surge esta lamentable enfermedad para poder ayudar a papi. Entre la información que iba estudiando encontré una relación directa entre esta condición y otras asociadas a la pérdida de la memoria, así como más enfermedades relacionadas al cerebro que te van a sorprender.

Según investigaba, me alarmaba y cuestionaba el hecho de la poca consciencia que tenemos acerca de este tema. ¿Cuántas veces comes o te suplementas entendiendo el impacto que tendrá en tu cerebro? ¿En qué momento le dedicas tiempo al ejercicio de tu cerebro? ¿Tienes una idea general de cómo funciona? ¿Sabes qué? Yo tampoco la tenía, mucho menos que podía retardar el proceso de envejecimiento de mi cerebro y hacer que su vida productiva se expendiera.

Todo lo que había estado haciendo era basado en mi cuerpo, pues creía que era suficiente para estar saludable, hasta que llegó la enfermedad de mi padre que desarrolló en mí la inquietud de conocer cómo lo podía ayudar.

No obstante, sabiendo lo extenso de la información, la resumí para traértela de una manera sencilla de entender.

El tema es complejo y, cuando comencé a investigar, el vocabulario era complicado y confuso para entender, pero no te voy a tratar de impresionar con palabras complejas, técnicas o difíciles de interpretar; solo te traeré la información que necesitas para mejorar tu bienestar.

Como te mencioné al principio de nuestro viaje, tu cerebro es el que controla el movimiento, el comportamiento, el aprendizaje, las emociones, el lenguaje y muchas otras actividades que realizas a diario. Es tu ventana para comunicarte con el mundo, te permite expresar ideas, pensamientos, afecto, entre otras expresiones.

En palabras más sencillas, tu cerebro tiene el control de lo que haces o no. Si está saludable tendrás resultados saludables, pero si por el contrario no lo está, tendrás resultados no deseados. O sea, la calidad de tus decisiones son un reflejo de la salud de tu cerebro; y tu mente es parte de este hecho.

Ante esta realidad, ¿no crees que es de gran importancia preocuparte por tu mente y adoptes cuidados que la mantengan sana y aumenten tu bienestar, reduciendo a su vez el riesgo de enfermedades relacionadas a tu mente? ¿Sabías que, a medida que envejeces, tu cerebro se va achicando o reduciendo en tamaño? Lo mismo si te conviertes en una persona obesa; mientras más obeso, más rápido se reduce tu cerebro. ¿Te gustaría saber cómo puedes retardar o reducir este efecto?

No soy un neurólogo o científico, pero como te dije antes, he resumido información relevante al tema. Me baso en estudios científicos, testimonios, mi experiencia con la enfermedad de mi padre y otros datos que he leído que quiero compartir contigo, pues sé que te ayudarán a entender el funcionamiento de tu cerebro y cómo cuidarlo.

Existe un sinnúmero de razones para mantenerte en forma a medida que vas entrando en edad. Aunque del ejercicio hablaremos más adelante, no puedo continuar sin que entiendas el beneficio directo que ejerce sobre tu cerebro.

Posiblemente ya sabes que el ejercicio ayuda a dormir mejor, fortalece los músculos y el corazón, y reduce el riesgo de contraer enfermedades. Pero si eres como yo, desconocías que también mejora la función del cerebro. Recientemente leí un nuevo estudio que demostró que mantenernos en forma en nuestros 40 años de edad podría proteger nuestro cerebro de achicarse más tarde en nuestra vida. Te explico un poco acerca del estudio.

Investigadores de la Escuela de Medicina de la Universidad de Boston encontraron una asociación entre la salud del cerebro a los 60 años y la condición física a los 40 años. Encontraron que las personas de 40 años que tenían poca o ninguna actividad física reflejaron un aumento mayor en la presión arterial diastólica o sea, el número inferior en una lectura de presión arterial. También notaron que en la frecuencia cardíaca después de pasar unos minutos en una caminadora, a una velocidad lenta de unas 2.5 millas por hora, este grupo era más propenso a tener menor salud cerebral a los 60 años.

Los investigadores explicaron que, cuando alguien no está en muy buena forma física, su presión arterial y la frecuencia cardíaca es mucho mayor al tener bajos niveles de ejercicio, en comparación con alguien que está en buena condición física. O sea, cuando no somos físicamente activos, se tiende a tener una mayor presión arterial como resultado de hacer poco o ningún ejercicio. La investigación encontró que las personas con mejor condición física tienen mejor suministro de oxígeno al cerebro. Interesante, ¿cierto?

Con estos datos comencé mi propia investigación hablando, observando o estudiando personas que pasaron los 60 años de edad. Uno de los ejemplos más cercanos a mí, y que confirmaba este estudio, lo era mi abuelo. Murió seis meses antes de llegar a sus 100 años de vida, con una mente clara. ¿Qué componentes existían en la vida de mi abuelo, que le permitieron tener una vida extendida y con su mente activa?

Encontré que mi abuelo había estado físicamente activo prácticamente toda su vida, y no me refiero a que trotaba todos los días o que visitaba el gimnasio a seguido, pues te mentiría.

Le gustaba caminar por sus terrenos en el campo y trabajar en la tierra, leía y podía mantener una conversación de noticias actuales o acontecimientos históricos de una manera asombrosa.

O sea, se ejercitaba, también ejercitaba su mente; y así como él encontré estos denominadores comunes en personas de edad avanzada con una mente sana.

En resumen, de manera sencilla, breve y clara, lo que quiero que tengas presente es que el cerebro tuyo y el mío se deterioran con la edad. Pero este efecto se puede retrasar si incluyes alguna actividad física en tu diario vivir. Si no te gusta hacer ejercicios, no tienes tiempo o crees que necesitas dinero para poder incluirlo, no te preocupes, ya mismo te doy una ayudita.

No tengo duda alguna de los múltiples beneficios físicos y mentales que trae el ejercicio, pero también reconozco que no a todos les gusta hacerlo o la realidad de su diario vivir le impide o limita a ejercitarse. No obstante, si deseas tener una mejor salud física y mental para disfrutar de un excelente bienestar, te doy **cuatro** consejos que te pueden ayudar:

1. No le llames *hacer ejercicios*. Si tu trauma es la connotación que se le ha dado al término, cambia la palabra y actividad por algo divertido. Digamos que te gusta la naturaleza, pues di que vas a pasear al campo o la playa o simplemente baila al ritmo de tu música preferida. Tu mente no se dará cuenta que estás ejercitándote, pero estarás ganando un gran beneficio de salud.

2. Todos tenemos quehaceres en nuestros hogares. Si te toca limpiar la casa, cortar el césped, lavar el auto o trabajar en el jardín, que tanto te agrada, hazlo lo más rápido que puedas. O sea, escribe la hora en que comenzaste y terminaste. Determina los minutos que te tomó y cada vez que vuelvas a realizar la actividad trata de romper tu récord. El ejercicio no solo se realiza con pesas o maquinaria; es simplemente moverte.

3. Ve al parque, a la playa o al patio de tu casa a jugar con

tus hijos, sobrinos o nietos. Muévete con ellos lo más rápido que puedas, pero que sea seguro al mismo tiempo. No solo estarás ejercitándote, sino que también estarás compartiendo con tus seres queridos.

4. Cuando camines o te muevas haciendo la actividad que seleccionaste, habla en segunda persona. O sea, repite frases como: "Vamos, tú puedes hacerlo." o "Yo voy a ti, campeón(a)." Un estudio europeo demostró que las personas que se automotivaron de esta forma, entrenaron por más tiempo que los que no lo hacían.

Implementa estas sugerencias y poco a poco verás que no es tan difícil; tan pronto comiences a experimentar sus beneficios, verás que te sentirás mejor. Cuando lleguemos al tema del cuerpo, te abundaré más acerca del ejercicio y otros cuidados que debes implementar.

Sigamos, pues tengo más información que puede mejorar la función de tu cerebro. Hablamos del ejercicio, un tema del cual—como te mencioné—hablaremos luego, pero quiero que entiendas que a través del ejercicio se van creando músculos.

Si en algún momento has comenzado a hacer ejercicios luego de haber estado inactivo o sedentario, seguramente habrás sentido días después molestias musculares asociadas a los movimientos que realizaste. ¿Cierto?

Este es el proceso en que el cuerpo rompe fibra muscular; se refleja en dolor, el cual luego desaparece mientras va tonificándose, poniéndose más fuerte y luciendo mejor. Tu cerebro es igual, ahora te explico cómo rejuvenecerlo.

Para mantener las cosas sencillas, quiero que pienses y compares tu cerebro con una casa. En ella hay distintos cuartos para diferentes usos. Me explico, está el cuarto dormitorio, la cocina, baños, cuarto de juegos, etc. Cuando no usas alguno de estos cuartos y ves la luz encendida, ¿qué haces? Claro, la apagas y queda el cuarto en la oscuridad. Pues así es como funciona nuestro cerebro.

Tenemos un cuarto para la memoria, otro que se encarga de las funciones motoras, pensamientos, y así por el estilo. Según vamos envejeciendo y nuestra vida cambia de etapa en etapa, dejamos de usar algunos de estos cuartos.

Entonces nos mantenemos en nuestros quehaceres diarios, dejamos de jugar y perdemos las funciones motoras y la coordinación—por darte una idea.

Lo primero que hacemos es achacarlo a la edad. Y aunque esta realidad llegará con el tiempo, no tiene que ser tan pronto. Así que, al no usarlos, el cuarto que controla las funciones motoras, por ejemplo, se apaga. ¿Me sigues?

Hay un viejo dicho que dice que lo que no se usa, se pierde. Así es el cerebro. Cada vez que obligas tu cerebro a hacer, pensar o intentar algo nuevo, nuevas conexiones se crean y se fortalecen.

Por ejemplo, si no bailas, pero decides aprender a tus 50 años, se enciende la luz de ese cuarto y nuevo cableado se construye en tu cerebro. Si aprendes un nuevo idioma o a cocinar, sucede lo mismo.

Es por esta razón que pacientes de Alzheimer los ponen a realizar crucigramas o juegos de mesa para mantener su mente activa. Habiendo dicho esto, si deseas mantener una mente clara por más tiempo, incluye ejercicios mentales, lee libros y aprende algo nuevo. Te encantará la experiencia.

Otro denominador común que encontré en personas que viven por más tiempo es su sentido del humor. Mi abuelo siempre estaba bromeando y sonriendo.

Por otro lado, Papi llevaba unos 14 años con Alzheimer, sin embargo, se la pasa contando chistes. Y así como ellos, he notado que el sentido del humor es un componente importante en la salud mental y física de los seres humanos.

El promedio de vida de personas con Alzheimer es de unos ocho años y medio, pero creo que sus continuas bromas, sonrisa y como dije ya, su sentido del humor contribuyeron con la extensión de vida de papi. Incluso, falleció de cáncer poco tiempo antes de lanzar este libro, pero hasta sus últimos momentos sus bromas y sonrisa prevalecieron.

Así que, si quieres evitar condiciones de salud, sonreír es un buen antídoto. Inclúyelo como parte de tus quehaceres diarios. Busca, promueve o estimula la sonrisa, el buen humor, y pásala bien.

Pasos Para Proteger Tu Cerebro

Además de las sugerencias que ya te he ofrecido, te voy a dar nueve pasos que, si los sigues, podrías extender las funciones de tu cerebro.

1. Buena Nutrición. Consumir una dieta rica en antioxidantes y otros nutrientes esenciales para tu cerebro.

2. Monitorear a diario tus pensamientos. Debes matar todo pensamiento negativo que te menosprecie o limite tu potencial.

3. Hacer ejercicio. El ejercicio estimula la circulación sanguínea, contribuyendo a mejorar las funciones de tu memoria.

4. Relajarse. La tensión nerviosa y el estrés afectan el funcionamiento normal de tu cerebro. Crea una rutina de relajación al menos una vez por semana. Esto es importante para disminuir el desgaste, tanto físico como mental.

5. Ejercicios para el cerebro. Resolver crucigramas, rompecabezas, leer al menos un libro al mes y aprender nueva información mejorarán tu memoria.

6. Protege tu cabeza de accidentes. Los golpes inesperados a causa de accidentes o deportes extremos pueden ser mortales para tu cerebro. Usa algún protector o limita las actividades peligrosas.

7. Eliminar vicios. Fumar, beber alcohol en exceso, las comidas grasosas, las drogas y demás vicios afectan de gran manera tu cerebro.

8. Dormir. El descanso es muy importante; debes dormir entre 7 y 8 horas diarias para un óptimo funcionamiento.

9. Evita la obesidad. Mientras más obeso te encuentres, más deterioro tendrá tu cerebro y de manera más acelerada. Por favor, mantén un peso saludable.

10. Último pero no menos importante, debes dedicar tiempo para meditar. Cuando hablo de meditar, no me estoy yendo al extremo de flotar en el aire, contorsionarte como en el circo, o verte obligado a hacer un voto en silencio. Me refiero a la meditación simple y sencilla, pero muy efectiva de aprender a calmar la mente y respirar correctamente para llenar el cerebro de oxígeno y de esta forma, relajarte.

Adoptar estas y otras medidas preventivas pueden mejorar tu bienestar. Mantener un estilo de vida saludable no solo tiene como objetivo alargar la existencia, sino conservar todas nuestras capacidades funcionando de la mejor forma posible durante todo el tiempo que vivamos. No seas víctima de una enfermedad que puedes evitar o reducir su riesgo si tomas acción **HOY**.

Nutrición Para el Cerebro

A continuación un listado de aquellos alimentos, nutrientes y suplementos importantes para el buen funcionamiento de tu cerebro, según información recopilada de distintas fuentes de profesionales de la salud mental.

1. **Triptófano:** Su función es fabricar la serotonina, la cual se relaciona con el buen humor y el aprendizaje. La puedes encontrar en alimentos como pescado, lácteos, pavo, huevos, frutos secos, plátano, piña y aguacate.

2. **Folato:** Es necesaria para que se forme la serotonina, conocida como la hormona de la felicidad, y lo encuentras en las espinacas.

3. **Colina:** La soya, el hígado y el huevo son ricos en este componente que favorece la transmisión de los impulsos nerviosos a los músculos.

4. **Ácidos grasos poliinsaturados y el colesterol:** Componentes estructurales de los fosfolípidos que forman las membranas de las neuronas y, por lo tanto, son esenciales para el buen funcionamiento neuronal.

5. **L-glutamina**: Sirve para construir ácido gamma-aminobutírico (GABA) en el cerebro y tiene un impacto en la felicidad. Se encuentra en carnes de puerco y res,

así como en las semillas de ajonjolí y girasol.

6. **Flavanoides:** Ayudan a la comunicación entre las neuronas, conocida como sinapsis, reducen el envejecimiento neuronal y mejoran la memoria. Se encuentran en los frijoles, el chocolate y el vino tinto.

7. **Ácido alfa lipoico:** Es un poderoso regulador del equilibrio celular, ayuda a las neuronas a combatir el estrés y neutralizar a los radicales libres, moléculas que generan caos cerebral. Lo encuentras en vísceras como riñón, corazón e hígado, así como en vegetales verdes, tales como la espinaca y el brócoli.

8. **Vitamina E:** Mejora la actividad neuronal y previene la oxidación de las membranas neuronales. Lo encuentras en el curry, espárragos, aguacate, nueces, cacahuate, aceitunas y aceite de oliva.

9. **Agua:** Es indispensable, no podemos vivir sin hidratarnos. El agua es el componente mayoritario del cuerpo humano. El 91% del **cerebro** es agua. Las personas que han hecho huelga de hambre han sobrevivido 55 días, pero cuando lo han hecho de agua no han pasado de 15 días. Nuestro cerebro, compuesto en su mayor parte por agua como ya mencioné, necesita ser hidratado de forma permanente. El agua debe considerarse como un verdadero nutriente; y sin ella la vida no es posible. La deshidratación es la situación clínica en la que el organismo pierde más agua que la que ingresa y debe dársele la importancia que se merece.

10. **Té verde:** Gran antioxidante, ayuda a prevenir las enfermedades del corazón y las que afectan al cerebro. Además, ayuda a preservar la memoria, evita el daño causado por el paso del tiempo, manteniendo

protegidas a nuestras células.

11. **El tomate:** contiene una sustancia llamada licopeno que, gracias a sus propiedades antioxidantes, ha demostrado ser útil a la hora de la prevención de muchas enfermedades, entre ellas, varios tipos de cáncer y accidentes cerebro-vasculares.

12. **Semillas de Chía:** Favorecen el funcionamiento de las neuronas y mejoran la actividad cerebral. Es considerada la mayor fuente de omega 3 que conseguimos en la naturaleza. Previene el envejecimiento de los tejidos, manteniendo las funciones intactas por más tiempo.

13. **Cacao:** Consumido con moderación, puede ayudar en la buena salud del cerebro, ya que contiene antioxidantes que evitan el envejecimiento prematuro del organismo y sus células, a la vez que previene enfermedades del corazón. Es también rico en magnesio, un mineral que ayuda en la nutrición de nuestro sistema nervioso.

14. **El Aguacate:** Posee propiedades antioxidantes que ayudan a prevenir el envejecimiento y deterioro precoz de nuestra salud. Además, contiene omega 3, ideal para proteger al cerebro del desgaste prematuro. Pero ojo, no debe consumirse en exceso.

15. **Arándanos:** Esta súper fruta es útil para nutrir a todo el organismo. Sus bondades ayudan a evitar o retrasar enfermedades degenerativas del cerebro, como el caso del Alzheimer. Es considerado también como un potente antioxidante.

En resumen:

Todos estos nutrientes tienen la capacidad de ayudar a mejorar o mantener las funciones de tu cerebro. Por ello, debes incluirlos en tu alimentación y en la de tu familia. Consulta con tu médico, nutricionista o profesional de la salud antes de hacer cambios en tu nutrición.

Una alimentación sana y balanceada mantendrá tu cuerpo en óptimo estado por mucho más tiempo. No olvides que para tener bienestar, necesitas tu cuerpo en óptimas condiciones.

"Quien descuida el ejercicio y la buena nutrición, pone en riesgo su vida. Es como tirarte de un avión sin paracaídas. ¿Te arriesgarías?"

Frankie Cotto

CUERPO

"Cuida Tu Cuerpo...

...Es El Único Lugar Que Tienes Para Vivir"

- Jim Rohn

Cuando voy a algún lugar y alguna persona se entera que soy entrenador, se me acercan muy discretamente y me preguntan "¿es usted entrenador?" Inmediatamente les respondo, me piden que les ayude a resolver algún dilema relacionado con su cuerpo como el de sobrepeso, o que desean aumentar o tonificar sus músculos así como cualquier otro. Incluso, algunos piensan que soy doctor y hasta me consultan condiciones de salud.

Resolver alguna de estas y otras peticiones en cinco minutos es muy difícil, por no decir imposible, mucho más cuando el cuerpo ha sido afectado debido a una vida sedentaria o a una alimentación pobre y descuidada por años. No obstante, trato de orientarlos de la mejor manera posible.

Otros por su parte, piensan que al pasar los 40 años ya es muy tarde para recuperar su salud o tener un mejor cuerpo hasta que les cuento cómo transformé el mío luego de los 40. En mi primer libro, ***Tu Mejor Cuerpo A Cualquier Edad***, relato cómo lo logré y me he mantenido. Al momento en que escribo este libro, ya tengo 55 años de edad y puedo darte testimonio de que no me arrepiento en lo absoluto. Haber tratado mi cuerpo con respeto, me ha devuelto el favor en energía, bienestar y el cuerpo que siempre había deseado, aun cuando era más joven, sin haberlo podido lograr.

Al inicio de este libro aprendiste la importancia de tus pensamientos y el control que ejerce en tu destino. Es ahí donde se originan nuestros pensamientos, decidimos lo que hacemos o dejamos de hacer, y donde planificamos a qué le daremos prioridad.

Cuando comencé a ejercer como entrenador, siempre me preguntaba cómo podía ayudar a otras personas. No entendía, las razones o motivos que movieran a alguna persona a permitir el deterioro de su cuerpo, aun sabiendo las consecuencias. Por ejemplo, cuando no cuidamos nuestro cuerpo, lo ponemos en alto riesgo de contraer o sufrir alguna de las siguientes condiciones:

- Riesgo de muerte prematura
- Enfermedades cardíacas
- Riesgo de derrame cerebral
- Diabetes
- Algunos tipos de cáncer
- Problemas respiratorios
- Limitaciones de movimiento
- Colesterol alto

- Dolores de cabeza

- Debilidad excesiva

- Otros…

Me di cuenta que uno de los graves problemas era que la mayoría de las personas se enfocaban en cambiar su exterior sin cambiar su interior, particularmente su manera de pensar. Esta es la razón por la cual comencé este libro y mi programa de *bienestar es prioridad* hablando y definiendo el poder de nuestra mente.

Por otro lado, también descubrí que tampoco entendían cómo funcionaba su cuerpo. Siempre que entreno o atiendo a algún cliente o grupo de personas, les explico cómo funciona su cuerpo, por qué y para qué realizamos tal o cual movimiento, así como cualquier otro dato que les ayude a maximizar su esfuerzo.

Descubrí que una vez cumplía con estos primeros pasos, el porciento de éxito de mis clientes aumentó. Lo interesante del caso es que los resultados no estaban ni están basados en la edad que pueda tener una persona. El cuerpo es maravilloso y tiene la capacidad de rejuvenecerse, sanar y reconstruirse a cualquier edad.

Nunca olvido a Margie, una clienta que llegó un día al gimnasio y me dijo así: *"Tengo 50 años, me acabo de retirar y nunca he hecho ejercicios. Mira a ver que tú puedes hacer por mi"*. Comenzamos a entrenar y su cuerpo se volvió más fuerte, bajó de peso y al día de hoy sigue manteniendo el resultado obtenido. Nuestro cuerpo es increíblemente asombroso. Cuando sabes cómo funciona y tomas acción con un plan realista y basado en tu motivo, puedes lograr lo que te propongas.

El cuerpo fue diseñado para sobrevivir; o sea, para moverse, hacer fuerza empujando o halando, correr, brincar y rotar. Según fue pasando el tiempo, los adelantos que han llegado y que nos han hecho la vida más fácil, también han provocado que nos movamos menos y adquiramos condiciones de salud asociadas a una mala alimentación y poca actividad física, como ya te he mencionado.

Cuando miramos la televisión, revistas o el internet, podemos identificar cientos de programas de ejercicios, gimnasios, dietas, batidas y muchas otras promesas que varían entre una y otras. Algunas te hacen creer que será muy fácil tomarte una píldora o batida y tendrás abdominales de modelo mientras otros te hacen brincar o realizar movimientos que te lastiman en lugar de fortalecerte. Si fuera por información o alternativas, no deberíamos tener tantas personas con sobrepeso o condiciones de salud que pudieron ser prevenidas.

Esto me hizo crear mi Sistema 40x4, utilizando el mismo método que utilicé para transformar mi cuerpo cuando comencé a los 40 años. Le agregué la experiencia y conocimientos adquiridos por más de 15 años para crear un programa sencillo, pero altamente efectivo.

Descubrí que 40 minutos, 4 días a la semana es suficiente para convertir tu cuerpo en uno más **fuerte, flexible y funcional** si sabes cómo integrar los movimientos. Estos tres elementos que rigen nuestra vida cotidiana son indispensables para un desempeño óptimo en nuestro diario vivir, que es el siguiente tema.

Algunas personas me preguntan por qué 40 minutos. Cuando comencé a realizar cambios en mi vida, mis hijos eran pequeños, trabajaba, era voluntario como consejero de jóvenes, mi casa requería de mucho tiempo de mantenimiento y la lista seguiría, pero creo que ya tienes una idea. Pienso que ya te identificaste conmigo.

Recuerdo que, luego de revisar la agenda del hogar, llegué a un acuerdo con mi esposa y separé 40 minutos dos días en la semana y los otros dos entre sábado y domingo. En la semana ella se encargaba de que nuestros hijos me permitieran entrenar mientras que los fines de semana me levantaba antes que ellos para no robarles tiempo.

En la vida hay momentos para preguntarnos cómo lo puedo hacer, en lugar de por qué no se puede. Si te haces las preguntas correctas tu subconsciente te dará las respuestas acertadas, pero si no haces buenas preguntas, las respuestas que recibirás no te llevarán a buenas conclusiones.

Luego que comencé a estudiar, investigar y aplicar conocimientos, descubrí los resultados de una investigación que indicaba que no era recomendable entrenar más de 4 días a la semana a las personas mayores de 40 años.

En la práctica me di cuenta de que, para tener resultados en menos de 40 minutos, había que ser demasiado agresivo en el entrenamiento y ponía en riesgo a las personas que comenzaban a ejercitarse o que simplemente deseaban un estilo de vida sencillo, pero efectivo. La realidad era que no tenía que realizar movimientos complejos y de alto riesgo para ver un cuerpo transformarse.

Es posible que ya hayas intentado otros programas que te prometieron cambiar el cuerpo en 10, 15 ó 30 minutos y no los pudiste terminar. Tal vez te lastimaste o no aguantaste el empuje, te intimidó y no era lo que pensabas o lo que interpretaste de ese anuncio de televisión que te cautivó e hizo que lo compraras.

Por otro lado, lo más práctico y fácil para comenzar a ejercitarte es caminar, trotar o correr bicicleta. Estas modalidades han tomado mucho auge en los últimos años. Nada malo con eso, pero debes entender sus riesgos, efectos y resultados.

Cuando eras joven, posiblemente jugabas baloncesto, brincabas la cuica en la escuela o corrías, entre otros movimientos mayormente cardiovasculares. En ese momento, eran ideales y tu cuerpo respondía a ellos satisfactoriamente. Si tuviste una niñez, adolescencia y juventud activa no debiste tener problemas con el metabolismo. Esta es una de las razones de que, cuando eras joven, comías de todo y no aumentabas de peso.

Sin embargo, a medida que fuiste entrando en edad, la actividad física comenzó a menguar debido a estudios, trabajos, entre otras razones asociadas al nuevo estilo de vida que ibas adoptando. Llegaron los 30 años y comenzaste a aumentar de peso o notaste que pesabas lo mismo, pero te dabas cuenta de que tus músculos se veían flácidos, entre otras señales que nos muestran que algo está ocurriendo con nuestro cuerpo.

Entonces comienzas a preocuparte por qué no estás satisfecho con lo que está pasando y le preguntas a las personas incorrectas, quienes te dicen que eso es normal con los años. Que te vayas acostumbrando y que te prepares para los achaques que vienen también con la edad. Te resignas y te olvidas del asunto hasta que sigues aumentando de peso, vas al médico y te diagnostica alguna condición de salud.

Ahora, vuelves a retomar el tema de tu cuerpo, pues definitivamente quieres vivir por más tiempo. Te dicen que debes bajar de peso haciendo ejercicio y comiendo saludablemente. Ahora comienzas a caminar, la dieta, y bajas unas libras. Luego te estancas, no bajas de peso, pero te sientes mejor, paras de hacer lo que habías estado haciendo y vuelves a ganar peso. Esta historia posiblemente la hayas repetido varias veces en la pasada década.

Déjame decirte lo que está ocurriendo. Luego de los 30 años de edad, comenzamos a perder masa muscular y al mismo tiempo nuestro metabolismo se desacelera. O sea, mientras menos músculos tengas en tu cuerpo, más lento se pone. Por lo tanto, cuando levantas tus músculos, porque lo puedes hacer no importando tu edad, vuelves a activarlo, y se te hará más fácil bajar de peso si esa fuera tu meta.

Claro está, existen algunas condiciones de salud, alimentación y otros factores que pueden influenciar tus deseos de cambiar tu cuerpo. Cuando comencé a tratar de bajar de peso y retomar mi salud, tenía 40 años. Me sentía cansado todo el tiempo y no me gustaba lo que veía en el espejo. Comencé a hacer lo que hacía cuando joven, mayormente ejercicios cardiovasculares pero, aunque bajé unas libras, me estancaba y mi cuerpo no cambiaba.

Luego de certificarme como entrenador personal, seguir estudiando, trabajando con clientes y experimentando con mi propio cuerpo, descubrí la manera de lograr rejuvenecer mi cuerpo. Si ves mis fotos de transformación, podrás comprobar que me veo más joven a mis 55 años que cuando tenía 40.

No solo luzco más joven sino que estoy lleno de energía, me puedo mover igual o mejor que cuando era joven, y pude compartir cada una de las etapas de adolescencia y juventud de mis hijos.

Como mencioné antes, existen cientos de programas, videos, DVD de ejercicios, libros etc., algunos muy buenos, otros, una pérdida de tiempo y dinero. Para tener resultados no tenemos que complicarnos la vida, por eso me gusta mantener las cosas sencillas.

Cuando nos ejercitamos, debemos evocar aquellos movimientos que utilizaban nuestros antepasados para sobrevivir. El ejercicio de hoy es la sustitución de aquellos movimientos utilizados para cazar, escapar de algún animal salvaje, subir a un árbol, pescar, entre muchos otros.

Si no estaba ágil, sus posibilidades de sobrevivencia eran pocas. En mi Sistema 40x4 enseño esto, pero de una manera sencilla, pues todos sabemos que ya no tenemos que sobrevivir de la misma manera que antes; sin embargo, debemos mover nuestros cuerpos para vivir por más tiempo, de una forma activa y placentera. La sobrevivencia de aquellos años dependía de la fuerza, flexibilidad y funcionalidad del cuerpo, nuestro próximo tema.

Fuerza

Hablemos primero sobre **fuerza.** Este es un tema algo complejo, si me fuera por la parte científica. Si tratara de explicarte en detalle cada fibra, músculo y movimiento, te sentirías en la escuela—algo que estoy seguro que no deseas. Estoy consciente que no a todos les llama la atención el tema, y simplemente quieren la información necesaria para entender qué deben o no hacer para lograr sus metas.

Dicho esto, te daré los datos que necesitas para entender la importancia de tener fuerza muscular. Debo comenzar por decirte que es necesaria para realizar actividades de tu diario vivir con las menores molestias y riesgo de lesiones. A medida que vamos entrando en edad—mayormente a partir de los 50 años—la falta de ejercicio físico hace que se reduzca la fuerza y masa muscular.

Cuando esto comienza a ocurrir, incluso en aquellos que son más fuertes, de forma lenta e imperceptible pueden llegar a encontrarse demasiado débiles para realizar las tareas más rutinarias en las últimas décadas de su vida. El esfuerzo por desarrollar y mantener la fuerza muscular en el presente se verá recompensado al asegurar la posibilidad de vivir de forma independiente y normal en el futuro.

Es por lo antes expuesto que pienso que la fuerza no debe ser una meta, sino un complemento de nuestro viaje mientras vivamos. En otras palabras, no importa la edad que tengamos, incluir ejercicios que aumenten o mantengan la fuerza nos permitirá vivir de manera independiente por más tiempo.

Para crear o mantener fuerza, los músculos deben trabajar contra una resistencia de actividades diarias. Aunque pueden ser pesos libres más o menos pesados, máquinas u otros aparatos para trabajar grupos musculares específicos, también pueden ser movimientos realizados con tu propio cuerpo como lo son las lagartijas, sentadillas o elevaciones por gravedad para tu abdomen entre otros.

Debes repetir la ejecución de los movimientos la cantidad de veces suficiente como para producir fatiga muscular. Según entrenas, estarás preparando progresivamente tu cuerpo, irás adquiriendo una mejor condición física y notarás que podrás entrenar a una mayor intensidad.

Esto significa que, al ir incrementando tu intensidad, te darás cuenta que comenzarás a desarrollar fuerza con mayor rapidez.

Puedes modificar la intensidad variando el peso, el número de repeticiones, y/o el tiempo de descanso entre las series. La fuerza se desarrolla aumentando el peso, y la resistencia, con el número de repeticiones. Para recomendaciones, consejos y sugerencias sobre cómo fortalecer tu cuerpo, visita mi página http://www.TuBienestarEsPrioridad.com/fuerza

Debes procurar no excederte en el entrenamiento para que para prevenir una lesión o una molestia muscular severa. No siempre lo mucho es beneficioso. ¡Calidad es mejor que cantidad! **Siempre ten presente que la seguridad va primero.**

Otros beneficios que puedes obtener con el entrenamiento de la fuerza es que aumenta la densidad mineral ósea, la masa magra y la fuerza de los tejidos conectivos.

Aunque el aumento en la capacidad aeróbica tiene un cierto incremento en la fuerza, debo señalar que es pequeño, sobre todo en la parte superior del cuerpo. Por eso es necesario realizar actividades que desarrollen esta capacidad de forma específica al menos tres veces por semana.

Por lo general, para aumentar la masa muscular es preciso realizar actividades como los que mencioné antes, que incluyan resistencia con tu propio cuerpo o levantar pesos.

En tu entrenamiento semanal debes incluir el uso de los principales grupos musculares (piernas, brazos, abdomen, parte superior del cuerpo); y es conveniente modificar los movimientos cada seis semanas.

Flexibilidad

Quiero hablarte ahora sobre el desarrollo de la **flexibilidad** a lo largo de nuestra vida, otro importante componente de la compleja máquina que es nuestro cuerpo. Como resultado de los movimientos, ejercicios o estilo de vida sobre la fuerza, entre otros factores, aumentan tus músculos. A medida que vamos creciendo, esta característica incrementa según van pasando los años.

La etapa de mayor flexibilidad en nuestro cuerpo la encontramos en la infancia. A medida que crecemos vamos adquiriendo fuerza, pero comenzamos a perder, de forma paulatina, la flexibilidad. Aunque el resultado pudiera variar de acuerdo a nuestra actividad física, entre otros factores, entre las edades de 20 a 22 años tenemos un 75% de flexibilidad. Al llegar a los 30 años, aproximadamente, se estabiliza y luego la vamos perdiendo según vamos envejeciendo.

Habiendo dicho esto, ya debes tener una idea de que el funcionamiento de la flexibilidad a lo largo de nuestra vida no llevará el mismo camino que lo adquirido con la fuerza. Claro está, todos estos datos pueden variar dependiendo de la actividad de cada persona y, como ya te expliqué, de otros factores como la herencia genética, la composición muscular, estilo de vida, etc.

Existe una gran cantidad de definiciones sobre flexibilidad, así como modalidades o tipos de flexibilidad. No obstante, para nuestro propósito y de manera sencilla, lo que quiero que entiendas es que la **flexibilidad física** no es otra cosa que la capacidad de una articulación o grupo de articulaciones para hacer movimientos con la máxima extensión posible, sin rudeza y sin provocar ninguna lesión.

La mejora de la flexibilidad mediante un programa de trabajo diario reporta multitud de beneficios, tanto para la persona sedentaria como para el deportista. A continuación te doy algunos datos de sus beneficios y las consecuencias de no mantenerla.

Una articulación es una compleja máquina que, para su correcto funcionamiento, tiene que tener unos fuertes y flexibles músculos, tendones y, además, tiene que haber una buena lubricación.

Cuando en la vida diaria no se usa la articulación en todo su rango de movimiento, comienza a perder firmeza y estabilidad. Los ligamentos que la componen tienden a acortarse llegando con el tiempo a perder gran parte del movimiento natural de la articulación.

También se pierde calidad en la lubricación, por lo que puede terminar doliendo, haciendo ruido o imposibilitando su movimiento.

El trabajo diario de todo el rango posible de movimiento de todas nuestras articulaciones impide este proceso de deterioro. La flexibilidad en personas mayores puede aumentar en gran medida sus rangos de movimientos y su independencia, si se trabajan con frecuencia.

La falta de flexibilidad es muy notable en personas mayores de 60 años. En algunos casos, sin que haya ningún impedimento estructural, la falta de flexibilidad y fuerza impiden que el codo supere la cabeza, acortando las posibilidades de acción de la persona.

Incluir entrenamiento de estiramientos o flexibilidad en personas mayores también minimiza las posibles consecuencias de una caída, así como reducen el tiempo de convalecencia.

Hay quienes creen que no necesitan incorporar este tipo de entrenamiento, pues piensan que son muy jóvenes y otros, porque ya están viejos. Es importante que comprendas, que no hay edad para no incluirlo. Mientras más joven lo incorpores mejor, pero si ya pasaste los 40, no importa, puedes incorporarlo y beneficiarte de menos lesiones y mayor movilidad.

Debes tener claro que las limitaciones musculares restringen el funcionamiento del cuerpo y causan dolor en los músculos. Si sintieras tipos de tirones o molestias, es importante que un médico o fisioterapeuta distinga si se trata de una *contractura* o de una lesión, antes de iniciar los trabajos de flexibilidad en el músculo dolorido o dañado.

Una contractura muscular es una especie de calambre que dura más tiempo y afecta principalmente a los atletas. Muy a menudo afecta a un músculo de las extremidades inferiores a nivel de los muslos, a las pantorrillas o a los músculos de la espalda y el cuello.

Funcionalidad

Hablar sobre el entrenamiento **funcional** está muy de moda, pero ¿qué es o de qué se trata? ¿Quién lo debe hacer? ¿Es para atletas o los puedo realizar? Escucho estas y otras preguntas similares frecuentemente y es lo que vamos a discutir ahora.

Una de las características del entrenamiento funcional es que debe integrar todos los aspectos del movimiento humano.

Más adelante te explico la razón, las metas y los objetivos de por qué se basa o se incluye el trabajo de la fuerza funcional, la cual involucra a todo el cuerpo y no a un grupo aislado de músculos.

Ahora bien, la pregunta es ¿qué es entrenamiento funcional?

Este término tiene variedad de interpretaciones pero, en resumen y de manera sencilla, lo que quiero que entiendas es que el entrenamiento funcional busca un óptimo rendimiento muscular, y se logra a través de ejercicios o movimientos basados en acciones de la vida cotidiana y/o la práctica deportiva.

También es aquel que persigue aumentar las posibilidades de actuación de la persona en el medio físico, social y laboral que le rodea.

El entrenamiento funcional surge originalmente de las técnicas utilizadas por los médicos especialistas en rehabilitación de lesiones y cirugías, quienes diseñan ejercicios que imitan las características de los movimientos que el paciente necesita para poder volver a realizar en su vida habitual, en su casa, en su trabajo, en el deporte que practica, etc.

Entre los numerosos objetivos que persigue el entrenamiento funcional, destaco los siguientes:

- Prevención de lesiones

- Mejorar movimientos de funciones del diario vivir o estilo de vida de una persona común

- Preparación física a través del trabajo de los grupos musculares involucrados en el desempeño deportivo o cotidiano

- Entrenamiento específico para el correcto desenvolvimiento en la actividad laboral o de ocio de los sujetos

- Mejorar las principales cadenas musculares que utilizamos en la vida diaria

Otros aspectos relevantes al ejercicio o movimiento funcional son:

- Entrenamiento de las capacidades motrices: fuerza, velocidad, resistencia, agilidad, etc.

- Preparación de la función física o aquella capaz de crear movimiento

- Estabilización y potenciación: el entrenamiento funcional presta especial atención a los sistemas musculares fundamentales en la estabilización del cuerpo

- Ejercicio específico de los músculos de la columna

- Entrenamiento equilibrado: fuerza, flexibilidad y postura, debido al carácter natural de los movimientos del entrenamiento funcional

Como ya te habrás dado cuenta, el entrenamiento funcional tiene aplicación en cualquier ámbito, ya que se basa en el trabajo muscular de los grupos implicados en cualquier actividad. Los comunes y donde se pueden aplicar es en la vida cotidiana, en el ámbito laboral, en el deportivo y en la rehabilitación física. O sea, que entrenar solo el bíceps no lo hace un entrenamiento funcional. En el entrenamiento funcional no se entrena un músculo, como ya lo he mencionado, sino movimientos asociados a tu estilo de vida.

A continuación te detallo algunos de los beneficios del entrenamiento funcional:

1. Mejora la movilidad general, tanto articular como muscular.

2. Al entrenar movimientos, tiene un mayor gasto calórico, lo que favorece la disminución de grasa.

3. Trabaja músculos secundarios y adyacentes, que trae como beneficio las mejoras de las habilidades motrices: agilidad, coordinación y equilibrio.

4. Al utilizar ejercicios de rotación en la zona media, brinda mejor postura corporal.

5. Es divertido, porque utiliza distintos materiales y movimientos que colaboran al entrenamiento y se puede realizar en grupo, favoreciendo así la integración entre los participantes.

6. Bien dirigido por un profesional, este tipo de ejercicio puede ser realizado por todo tipo de personas: niños, deportistas, personas que comienzan a practicar ejercicio, personas que se están recuperando de alguna lesión, ancianos, entre otros.

Resumen

Si visitas y te inscribes en mi página www.TuBienestarEsPrioridad.com, podrás obtener información sobre el Sistema 40x4, así como otros datos que complementarán tu camino hacia tu mejor bienestar. Aprenderás sobre la importancia del ejercicio con pesas y sus beneficios, cuándo es el mejor momento para hacer el trabajo cardiovascular y por qué, cómo construir tu propia rutina y mucho más.

Lo que quiero que comprendas es que sin un cuerpo saludable es imposible tener bienestar; este segundo elemento es un eslabón que no puedes pasar por alto, no te confundas. Sin embargo, no quiero que pienses como muchos, que asocian lo que leen y se lanzan tras un cuerpo perfecto.

Luego se dan cuenta de que, para lograrlo, tienen que sacrificar tiempo de familia, alimentos que—aunque no sean saludables—comerlos una que otra vez te trae gran satisfacción, entre otros momentos de vida que nos brindan felicidad. La realidad es que mantener un balance, perseguir una meta realista y un cuerpo activo debe ser la finalidad de todos.

Bienestar es una palabra sencilla, como lo debe ser el cuidado de nuestro cuerpo. Es cuestión de saber cómo activar cada renglón.

No persigas sueños o metas de otros, vive tu realidad y establece metas que vayan de acuerdo a tu estilo de vida, responsabilidades y objetivos. Si te obsesionas con un cuerpo de revista, perderás de perspectiva tu propósito de vida, y esa no es la idea. Sigue una senda de balance e integración de las cinco fases que hacen de nuestra vida una llena de bienestar, y que te estoy trayendo en este libro. Como consecuencia, vivirás más feliz y disfrutarás de cada etapa de tu vida.

No tienes que hacer tantos ejercicios para poder comer lo que te plazca; es cuestión de tener una nutrición balanceada, el siguiente tema.

Los movimientos o entrenamientos que incluyen funcionalidad complementan el sistema 40x4. Cuando los unimos, construimos un cuerpo más fuerte, ágil y listo para enfrentar cada día de trabajo, la competencia, o simplemente realizar los quehaceres del hogar.

Nutrición

Si bien es cierto que el ejercicio es vital para gozar de buena salud, la nutrición lo es aún más. La fórmula perfecta para un resultado ideal es un 20% lo que haces en tu programa de entrenamiento y un 80% lo que haces fuera, o sea, lo que comes.

Vivimos a toda prisa y los restaurantes de comida rápida se han convertido en el lugar favorito de muchos, mayormente por su conveniencia.

Sin embargo, al ser comidas procesadas, llenas de grasa, sodio y otros atributos poco saludables, hacen que aumentemos de peso, adquiriendo al mismo tiempo enfermedades asociadas a nuestro estilo de vida.

Este tipo de comida, con muchas calorías y vacíos de nutrientes, son las que nos llevan al sobrepeso. Haces dieta, bajas unas libras y vuelves a adquirir peso, y en esta ocasión, el doble.

En conversación con clientes, les pregunto cómo está la nutrición y descubro que no es la mejor. La excusa de la gran mayoría es que comer saludablemente es costoso. Les pregunto a qué se refieren y los enfrento con la realidad del costo de servicios médicos, medicamentos, hospitales, sin restarle lo incómodo que es estar sentado una madrugada en una sala de emergencia, esperando que te atiendan.

Para que me entiendan mejor, hago un análisis de sus gastos, incluyendo el mantenimiento del auto, casa y las veces que van de compra. Cuando vamos a los números, les demuestro que están invirtiendo más dinero del necesario en cosas, artículos o diversión que no aportan a su salud.

Con esto no te digo que no salgas al cine o te compres la camisa o traje que te gusta, les ayudo a establecer prioridades y rehacer su presupuesto. Al final, se dan cuenta de que había mucho tiempo que debieron haber hecho el estudio y realizar cambios que los dirigieran a un mejor bienestar.

Existe una asociación directa con la cantidad y las veces que comemos comida chatarra o de pobre valor nutricional. La Psicóloga Susan Pierce Thompson desarrolló un programa para bajar de peso utilizando sus conocimientos científicos, así como su experiencia personal, cuando estuvo en lucha por bajar de peso en varias ocasiones. Entre sus artículos, ella explica por qué comer se convierte en una adicción difícil de vencer.

Un dato curioso que me llamó la atención sobre su filosofía y práctica es la comparación de la comida procesada con drogas como la cocaína y la marihuana. Si masticáramos la hoja de cualquiera de ellas, no sería suficiente para sentirnos drogados, mucho menos para crear una adicción.

No obstante, al ser refinadas, que es cuando se convierte en el polvo blanco que espero hayas visto solamente en revistas o películas, las hace adictivas. La comida procesada tiene un efecto parecido, y es la razón primordial de por qué, de acuerdo con sus estudios, muchas personas no se pueden saciar. O sea, mientras más comen pizza, dulces, donas, etc., más adictos se convierten a la comida. Sin embargo, esto no ocurre con todo el mundo; algunos son más susceptibles a estos alimentos que otros, según ella comenta.

Por otro lado, mi amigo Mark McDonald, nutricionista y autor de los libros **Body Confidence y Why Kids Make You Fat,** establece como parte importante de su filosofía que, para estar saludables, se debe mantener la azúcar en la sangre estable.

Para lograr este objetivo él da, entre mucha otra información, tres consejos:

1. Comer frecuentemente durante el día, o sea, cada 3 a 4 horas.

2. Balancear los nutrientes en cada comida, incluyendo proteína, grasa y carbohidratos, en cantidades especificas.

3. Establecer el total de calorías por comida ya que el cuerpo puede procesar sólo una cantidad de alimentos.

No soy nutricionista, pero puedo decirte que el azúcar nos está destruyendo. Si te das cuenta, el 80% de nuestra dieta diaria gira alrededor de pan, donas, arroces, papas, refrescos, entre muchos otros que están repletos de o se convierten en azúcar. Tampoco estamos pendientes a nuestras meriendas, distribución de nutrientes y su calidad.

Es extremadamente importante que busques asistencia profesional para establecer un buen programa de alimentación que ayude tu cuerpo a mejorar su salud.

Suplementos

Siempre me preguntan si se debe o no tomar suplementos. Este es un tema un poco controversial, pues hay quienes opinan que si te alimentas balanceadamente no tienes la necesidad de utilizarlos, mientras otros opinan que son importantes.

En mi opinión personal, pienso que, si comemos comida orgánica únicamente y logramos balancear nuestras comidas y sus meriendas, no tendríamos necesidad de suplementos. No obstante, tú y yo sabemos que eso es casi imposible de lograr hoy día.

Los alimentos que compramos en el supermercado han perdido un gran porciento de nutrientes debido a la manera en que fueron cultivados y el tiempo que pasaron desde que los cortaron del árbol, empacaron, montaron en un camión, avión o barco, para luego llegar al supermercado.

Bajo esta premisa, yo personalmente tomo la decisión de tomar suplementos que complementen los nutrientes que no puedo adquirir de los alimentos que consumo a diario, pues no siempre tengo a mi alcance alimentos orgánicos.

Es recomendable visitar un nutricionista que prepare un buen plan de alimentación y suplementación para un funcionamiento óptimo. Visita mi página **www.TuBienestarEsPrioridad.com** para más información, consejos y sugerencias.

Cuidado De La Piel

Preocuparte de cómo luce tu cuerpo es importante, pero no preocuparte por tu piel, es como no pulir la pintura de tu auto frecuentemente, se puede opacar, oxidar y deteriorar. En el auto lo puedes restaurar pintándolo nuevamente; sin embargo, el daño que permitas que ocurra en tu piel podría ser mortal.

La incidencia de cáncer en la piel sigue en aumento, el deterioro y envejecimiento prematuro del rostro también, y eso debido a la falta de cuidado. Cuando digo la edad que tengo la gente no me lo puede creer y se sorprende. Tomar los debidos pasos para mantenerla joven y saludable es cuestión de dedicarle unos minutos cada día.

Aproximadamente a los 35 años el índice de renovación celular se hace lento. Una o dos veces a la semana me exfolio el rostro para remover las células muertas de la piel, que pueden obstruir los poros y opacarla; además, para vernos más jóvenes.

Lavo mi rostro con alguna limpiadora que trabaje, purificando y ayudando a eliminar las impurezas y residuos de mi piel en la mañana y antes de acostarme.

Luego de lavarme la cara con la limpiadora, uso un tónico que me ayuda y reafina los poros, estimula la circulación de la sangre y balancea el PH de la piel.

Finalmente utilizo un humectante para suavizar e hidratar mi piel, ayudando a minimizar la apariencia de arrugas y prevenir la formación de nuevas arrugas, dando firmeza así como también trayendo elasticidad para que mi piel luzca suave y juvenil.

Es muy importante usar bloqueador solar para evitar manchas en la piel debido a los daños que pueda ocasionar el sol y lámparas o luces fluorescentes. Es recomendado para bloquear los rayos UVA & UVB, y así proteger tu piel contra los agresores del medioambiente.

El porciento de cáncer en la piel sigue aumentado debido a la exposición sin protección a la cual sometemos nuestra piel. No seas parte de las estadísticas.

Si deseas ser más agresivo que nunca, puedes añadir a tu régimen de cuidado de la piel lo siguiente:

Puedes utilizar crema para la parte externa y alrededor de tus ojos, la cual trabajará para hidratar, reestructurar el contorno de los ojos y prevenir las líneas finas de expresión.

También existen las cremas de regeneración que activa la

producción de colágeno en la piel, ayudan a que ésta se recupere y recargue, a la vez que hidratan las células reduciendo las líneas finas y arrugas.

Debemos cuidar, mimar e hidratar tanto la piel del rostro como la piel de nuestro cuerpo.

Para mayor resultado utiliza gel hidratantes para bañarte y limpiar la piel de tu cuerpo, en lugar del jabón tradicional que viene en barra.

Una vez por semana puedes exfoliar tu cuerpo, también lo hago, igual que utilizo mascarillas corporales para eliminar las células muertas.

El tipo de piel que poseo no me requiere usar cremas humectantes para el cuerpo salvo en ocasiones particulares. No obstante, si tienes piel reseca, puedes hacerlo para lucir una piel radiante y saludable.

Procuro utilizar productos naturales y que no contengan químicos que puedan traerme consecuencias o efectos secundarios con el tiempo. Como te mencioné al principio, puede sonar algo complicado o incómodo si eres un varón que creció en un ambiente machista, como yo.

Cuando menciono crecer *en un ambiente machista* no necesariamente pudo ocurrir con tus padres. A mi padre siempre lo observé cuidar su piel; no obstante, mis amigos de la escuela y vecinos me transmitían esa mentalidad.

Si deseamos crear un mejor futuro, debemos tomar acción hoy, si ves mis fotos notarás por ti mismo que luzco más joven que cuando estaba en mis 20 y 30 años de edad. Cuida tu piel hoy y ella te devolverá el favor; no dejes que viejas costumbres o pensamientos poco constructivos se interpongan entre tú y lo que puedes hacer hoy.

Otro cuidado que hago es el de mis músculos y cuerpo interno. Cuando sé que he estado ejercitándome intensamente, me compro un par de paquetes de hielo, los meto en mi bañera, añado agua fría y meto mi cuerpo completo por unos 10 ó 20 minutos.

Esto me ayuda a bajar cualquier inflamación. Si por el contrario, he estado tenso y me molestan mis músculos debido a ello, uso agua tibia con algún relajante muscular. Es decir, me doy mi propio spa o espacio de tiempo para mí. Créeme, termino nuevo.

Si deseas mejorar tu apariencia y más información de cómo lograrlo, recuerda visitar mi página www.TuBienestarEsPrioridad.com, donde encontrarás excelentes alternativas y más consejos.

ESPÍRITU

"La Fe No Hace Las Cosas Sencillas...

...Las Hace Posibles"

- Anónimo

Una Fuerza Superior

Somos seres espirituales y, como tales, tenemos unas necesidades particulares que debemos tener en balance. Con esto no me refiero a una religión en específico, si no a tu fe en un Ser Supremo que te sostenga en los momentos en que te sientas solo, agobiado o golpeado por alguna situación difícil. Los problemas y situaciones dificultosas son señal de vida, y llegan cuando menos los esperas.

Antes de vivir la dura experiencia de perderlo todo, me sentía en el tope de mi vida profesional. Viajaba el mundo, comía donde me placiera, salía a hacer compras sin una calculadora por temor a no pasarme de un presupuesto limitado, tenía varios negocios, era vicepresidente de un banco y creía que podía hacerle frente a cualquier cosa.

Sin embargo, la vida me enseñó cuán vulnerables somos; y me

golpeó como jamás lo había sentido. De repente, vivía la dura experiencia de enfrentar eventos fuera de mi control y que parecía que se levantaban en mi contra. Como te mencioné antes, a mi esposa le detectaron células cancerosas, se nos metieron en la casa y nos robaron, luego tuve que cerrar mis negocios, el banco donde trabajaba lo cerraron, mi suegro falleció sorpresivamente, no encontraba trabajo a pesar de las gestiones que realizaba, y mi vida parecía sucumbir.

Entonces me preguntaba: Dios, ¿por qué me está sucediendo esto? No soy un criminal, no le hago daño a nadie, he trabajado duro para darle lo mejor a mi familia y mira lo que me está ocurriendo. ¿Por qué? No obstante, detuve inmediatamente esos pensamientos, pues lo menos que quería era tenerme lástima a mí mismo y tomar una posición de mártir. Sabía que no era la mejor alternativa y que tampoco me ayudaría a resolver mi situación.

Haber tenido un espíritu y fe fuerte me ayudó a sobrepasar esa dura época. Comprender que cada etapa de nuestras vidas, particularmente las difíciles, nos preparan para una nueva era de nuestras vidas es indudable, pero tienes que tener fe, resistir y sobrepasarlas.

Imagínate si esto es una realidad que los indios que vivieron miles de años antes de que la civilización llegara a ellos, ya demostraban esa necesidad sin que nadie se lo explicara.

La evidencia de esta verdad la puedes encontrar en las cuevas o en excavaciones realizadas en las tierras donde vivían. Aún existen estatuas y figuras que evidencian lo que ellos entendían eran sus dioses o ser supremo. Eso les daba paz, fe y esperanza cuando llegaban los momentos difíciles.

O sea, cuando enfrentaban alguna enfermedad sin saber lo que les ocurría, o cuando azotaba alguna tormenta y los vientos, relámpagos y lluvia se levantaba en su contra, ellos clamaban a ese ser para que los ayudara. Estoy seguro que en la noche oscura, bajo este escenario tormentoso donde no había mucho que pudieran hacer, confiaban que su ser supremo los guardaría.

Tengo mi fe y, cuando lo perdí todo, sintiéndome confuso por lo que me estaba ocurriendo, tuve que recurrir a ella. Luego de hacer todo lo que estaba a mi alcance sin haber obtenido resultados, tuve que esperar. Recordaba y recitaba en mi mente versos de la **Biblia** que ya sabía de memoria, tales como: Mateo capítulo 11, versículo 28, que dice: *"Venid a mí todos los que estén cansados y trabajados, que yo los haré descansar"*, o Filipenses capítulo 4, versículo 13, que dice: *"Todo lo puedo en Cristo que me fortalece"*, entre otros.

Al hacerlo, sentía paz aunque no viera nada ocurriendo, tal y como mi lógica o razonamiento humano pensaba. La fe no funciona así. Cuando callas las voces externas y el ruido de la calle, dejando que tu espíritu tome el control de tus emociones, encuentras calma en medio de la tormenta y te sometes al proceso de vida un día a la vez.

Injusticia Y Traición

Una de mis historias bíblicas favoritas es la de José, e incluso me identifico con ella—ya verás por qué. El relato muestra a este joven de 17 años, trabajador, buen hijo y quien a su vez interpretaba sueños. Mientras apacentaba las ovejas con sus hermanos, José informaba a su padre de la mala fama de ellos, o sea, de su conducta inadecuada.

En mis tiempos, a José le habrían llamado "chota", una expresión usada para describir a personas que divulgaban lo que otros hacía a escondidas de la ley, representada ésta por autoridades como la policía, los padres o los maestros. Sus hermanos llegaron a odiar a José pues, además de detestarlo por "chota", Israel, padre de José, lo amaba más que a todos ellos porque le había tenido en la vejez. Como muestra de su cariño, un día le hizo una túnica de diversos colores y se la obsequió a José.

Esto enfureció más a sus hermanos al punto que le aborrecían y no podían hablarle pacíficamente. Una noche, José tuvo un sueño y lo contó a sus hermanos, quienes llegaron a aborrecerle todavía más. José les pidió que, por favor, escucharan lo que había soñado. A regañadientes o por curiosidad, los hermanos decidieron escucharlo. Este fue el sueño de José:

"He aquí que atábamos gavillas o manojos en medio del campo. Y mi gavilla se levantaba y se mantenía erguida, mientras que sus gavillas la rodeaban y se inclinaban ante la mía".

Sus hermanos le respondieron: — *"¿Has de reinar tú sobre nosotros y nos has de dominar?"*

Como consecuencia, le aborrecieron todavía más a causa de sus sueños y de sus palabras. Te pregunto, ¿te han criticado o se han mofado de ti cuando cuentas tus sueños, anhelos o metas a otros? Yo lo he sentido pero, por ahora, sigamos con el relato.

Cuenta la historia que José tuvo otro sueño y lo contó a sus hermanos, diciendo:

"…he tenido otro sueño, vi que el sol, la luna y once estrellas se inclinaban ante mí."

El contó este sueño a su padre y a sus hermanos, pero su padre le reprendió diciendo: "¿Qué sueño es éste que has tenido? ¿Hemos de venir yo, tu madre y tus hermanos a postrarnos a tierra ante ti?"

Como sabemos, sus hermanos le tenían envidia y el enojo acrecentó aún más. Un día, José fue enviado por su padre a supervisar a sus hermanos, quienes se encontraban en el campo apacentando las ovejas. Como de costumbre y sin protestar, José salió a cumplir la encomienda de su padre.

Al llegar, José no encontraba a sus hermanos en el lugar donde debían estar trabajando, pero seguía buscando. Un hombre que estaba cerca lo notó y le preguntó: *"¿Qué buscas?"* Y *él respondió: "Busco a mis hermanos. Dime, por favor, dónde están apacentando."*

Aquel hombre le respondió: *"Ya se han ido de aquí. Yo les oí decir: Vámonos a Dotán."* Entonces José fue tras sus hermanos y los encontró en el lugar que le había dicho el hombre.

Cuando ellos lo vieron desde lejos, antes de que se acercara, planificaron una estrategia maliciosa contra él para matarle. Se dijeron el uno al otro: *"¡Ahí viene el de los sueños! Acabemos con esto, vamos a matarlo y luego lo echamos en una cisterna. Después diremos que alguna mala fiera lo devoró. ¡Veamos en qué terminan sus sueños!"*

No sé a ti, pero frecuentemente me llamaban y siguen llamando "el soñador". Cuando cuentas tus metas o sueños, no todos son receptivos y, aunque no siempre lo hacen frente a ti, a tus espaldas se mofan o hasta te toman lástima. Dicen que los soñadores no logran nada en la vida, pero creo que soñar no cuesta y, por el contrario, cuando los sueños van acompañados de fe y acción, se pueden materializar. Sigue leyendo, te encantará el final.

Cuando uno de sus hermanos, Rubén, oyó esto, lo libró de sus manos diciendo: *"No le quitemos la vida."* Y añadió: *"No derramen sangre. Échenlo en esta cisterna que está en el desierto, pero no pongan la mano sobre él."*

En realidad era para librarlo de sus manos, a fin de hacerlo volver luego a su padre. Cuando José llegó hasta sus hermanos, ellos despojaron a José de la túnica de diversos colores que llevaba puesta y que su padre le había obsequiado. Lo tomaron y lo echaron en la cisterna que estaba vacía, sin agua.

Después se sentaron a comer, y alzando los ojos miraron, y vieron que una caravana de ismaelitas venía con sus camellos cargados de perfumes, bálsamo y mirra para llevarlos a Egipto. Entonces Judá dijo a sus hermanos: *"¿Qué provecho hay en matar a nuestro hermano y en encubrir su sangre?"*

"Mejor lo vendemos a los ismaelitas. No pongamos nuestra mano sobre él, porque es nuestro hermano, nuestra carne". Sus hermanos estuvieron de acuerdo con él.

Y cuando pasaban los mercaderes, sacaron a José, subiéndolo de la cisterna, y lo vendieron a los ismaelitas por veinte piezas de plata. Estos se llevaron a José a Egipto.

¿Te ha pasado que en algún momento de tu vida has sido traicionado, ofendido o maltratado por alguien que considerabas tu amigo, familiar o ser querido? ¿Verdad que es doloroso, te toma de sorpresa y hasta te quedas confundido? Imagínate cómo debió sentirse José.

Eventos Que No Lucen Lógicos

Siguiendo con nuestra historia, ellos tomaron la túnica de José, degollaron un cabrito del rebaño y empaparon la túnica en la sangre. Después trajeron la túnica de diversos colores a su padre y le dijeron: *"Hemos encontrado esta túnica. Dinos si es o no la de tu hijo, José."* El la reconoció y exclamó: *"¡Es la túnica de mi hijo! ¡Alguna mala fiera lo ha devorado! ¡Ciertamente José ha sido despedazado!"*

Entonces rasgó sus vestiduras, se cubrió con cilicio y guardó duelo por su hijo muchos días. Todos sus hijos y todas sus hijas fueron para consolarle, pero él rehusó ser consolado. Y su padre lo lloraba desconsoladamente. Imagino que hasta sus hijos, los que planificaron todo, se acercaron de manera hipócrita a consolar a su padre.

Mientras esto ocurría, los madianitas le vendían en Egipto a Potifar, funcionario del faraón, capitán de la guardia. En el proceso de compra, José fue adquirido y pasó a trabajar en la casa del alto funcionario. Cuenta la historia que Jehová estuvo con José y tuvo gran éxito. El egipcio vio que Jehová estaba con él y que todo lo que él hacía, Jehová lo hacía prosperar en su mano.

Así halló José gracia ante los ojos de Potifar, al punto que fue puesto a cargo de su casa y entregó en su poder todo lo que tenía. Potifar se dio cuenta que desde que puso a José a cargo de su casa y de todo lo que tenía, Jehová lo bendijo por causa de José.

El dejó todo lo que tenía en mano de José, y teniéndole a él no se preocupaba de nada, excepto del pan que comía. José era de bella presencia y de hermoso semblante.

Entonces, cuando todo iba de maravilla, sucedió lo que frecuentemente ocurre, llega el problema, la tentación o los que de una forma u otra tratan de destruir lo que construimos. La mujer de Potifar puso sus ojos en José y le dijo: *"Acuéstate conmigo."*

El rehusó y dijo: *"Señora, mi señor ha confiado en mí todo lo que posee excepto a usted, yo no lo puedo traicionar. ¿Cómo, pues, haría yo esta gran maldad? Además, pecaría contra Dios"*

Pero parece que las palabras de José no fueron escuchadas por ella, e insistía a José día tras día, pero éste no le hacía caso para acostarse con ella, ni para estar con ella. Un día, José entró en la casa para hacer su trabajo, y ninguno de los hombres de la casa estaba allí.

Entonces ella le agarró por su manto, diciendo: *"Acuéstate conmigo."* Pero él dejó su manto en las manos de ella, se escapó y salió afuera. Al ella ver que el manto había quedado en sus manos y que él había escapado afuera, llamó a los de su casa y les habló diciendo: *"¡Miren, nos han traído un hebreo para que se burle de nosotros! Vino a mí para acostarse conmigo, pero yo grité a gran voz y él, viendo que yo alzaba la voz y gritaba, dejó a mi lado su manto, se escapó y salió afuera."*

La mujer puso junto a sí el manto de José hasta que su señor volvió a casa. Tan pronto llegó, ella le repitió a él su versión diciendo la misma historia que había inventado para esconder la verdad y vengarse de José. Cuando su señor oyó las palabras que le hablaba su mujer, diciendo: *"Así me ha tratado tu esclavo,"* se encendió su furor.

Tomó a José y lo metió en la cárcel, en el lugar donde estaban los presos del rey. José quedó encarcelado una vez más, víctima de una injusticia despiadada y sin fundamento ¿Cuántos de nosotros habríamos renegado de la vida, caído en depresión o nos hubiéramos convertido en personas rebeldes y agresivas? ¿Cuántos de nosotros hemos sido víctimas de injusticias? Estoy seguro de que en algún momento la experimentaste, y hasta la estás recordando en este mismo momento, producto de lo que ya aprendiste cuando hablamos de tu subconsciente.

Según el relato bíblico, José no emitió comentario negativo ni se quejó. Dice que Jehová estaba con José; le extendió su misericordia y le dio gracia ante los ojos del encargado de la cárcel. Tanto así, que le entregó a José a todos los presos que había en la cárcel; y todo lo que hacían allí, José lo dirigía.

El encargado de la cárcel no se preocupaba de nada de lo que estaba en sus manos, porque Jehová estaba con José. Lo que él hacía, Jehová lo prosperaba. Lo que quiero que vayas viendo e ir resaltando en esta historia es la fe y fortaleza espiritual de José. Sabía que su Dios no le estaba fallando y simplemente se limitó a hacer el bien dondequiera que iba. Pero no quiero llegues a conclusiones hasta el final. Sigamos con la historia.

Dice que mientras José seguía en la cárcel, el copero y el panadero del rey de Egipto ofendieron a su señor, el rey. El faraón se enfureció contra sus dos funcionarios, el jefe de los coperos y el jefe de los panaderos, y los puso bajo custodia en la casa del capitán de la guardia, en la cárcel donde José estaba preso.

El capitán de la guardia se los encargó a José, y él les servía. Estuvieron algunos días bajo custodia. Una misma noche ambos, el copero y el panadero del rey de Egipto que estaban presos en la cárcel, cada uno tuvo su propio sueño, y cada sueño tenía su propia interpretación. Por la mañana José vino a ellos y los vio, y notó que estaban tristes. Les preguntó la causa de su tristeza y ellos le dijeron: *"Hemos tenido un sueño, y no hay quién nos lo interprete."* Entonces José les dijo: *"¿Acaso no son de Dios las interpretaciones? Por favor, cuéntenmelo."*

Ellos accedieron y el jefe de los coperos contó su sueño a José primero, diciendo: *"En mi sueño veía delante de mí una vid. En la vid había tres ramas. Parecía que ella brotaba, florecía y sus racimos de uvas maduraban. La copa del faraón estaba en mi mano, y yo tomaba las uvas, las exprimía en la copa del faraón y ponía la copa en la mano del faraón."*

José le respondió: *"Esta es su interpretación, las tres ramas son tres días. Dentro de tres días el faraón te hará levantar cabeza y te restituirá a tu puesto. Volverás a poner la copa en la mano del faraón, como solías hacerlo anteriormente, cuando eras su copero."*

En ese mismo momento, seguro de que el sueño se cumpliría producto de su fe, José le pidió al copero que cuando esto ocurriera se acordara de él. Le dijo: "Por favor, actúa con misericordia para conmigo; haz mención de mí al faraón y hazme sacar de esta casa. Fui secuestrado de la tierra de los hebreos, y nada he hecho aquí para que me pusieran en la cárcel.

Por primera vez, se registra el conocimiento de José de lo que le había sucedido y expresa lo injusto de cada acontecimiento negativo que le había ocurrido. O sea, el factor y sentimientos humanos.

Ahora le tocaba el turno al jefe de los panaderos y le contó a José: *"También yo soñaba que había tres cestas de pan blanco sobre mi cabeza. En la cesta superior había toda clase de manjares de pastelería para el faraón, pero las aves se los comían de la cesta que estaba sobre mi cabeza."*

Entonces José respondió: *"Esta es su interpretación: Las tres cestas son tres días. Dentro de tres días el faraón quitará tu cabeza de encima de ti. Te hará colgar en la horca, y las aves comerán tus carnes."*

Al tercer día fue el cumpleaños del Faraón, y él dio un banquete a todos sus servidores. Entonces levantó la cabeza del jefe de los coperos y la cabeza del jefe de los panaderos, en medio de sus servidores. Al jefe de los coperos lo restituyó en su cargo de copero, y éste volvió a poner la copa en la mano del faraón.

Pero hizo ahorcar al jefe de los panaderos, como José les había interpretado. Sin embargo, el jefe de los coperos no se acordó de José, sino que se olvidó de él. ¿Cuántas veces te has sentido traicionado u olvidado por aquellos que en algún momento ayudaste desinteresadamente?

Es en momentos así que debes tener un espíritu fuerte, como te he mencionado ya, varias veces. Te ayudará a soportar cuando estés solo.

Transcurridos dos años completos, el Faraón tuvo un sueño que describió así: *"Estaba de pie y del Río Nilo subían siete vacas de hermoso aspecto y gordas de carne, y pastaban entre los juncos. Entonces vi que otras siete vacas flacas y feas, mientras, se pusieron junto a las otras vacas a la orilla del Nilo.*

Entonces las vacas de mal aspecto y flacas de carne devoraron a las siete vacas de hermoso aspecto y gordas. Y desperté."

Se durmió de nuevo y soñó por segunda vez. En su segundo sueño dice: *"Vi que siete espigas subieron de un solo tallo, gruesas y hermosas. Pero detrás de ellas brotaron otras siete espigas delgadas y quemadas por el viento del oriente. Entonces las espigas delgadas devoraron a las siete espigas gruesas y llenas."*

Al despertar de su segundo sueño, dice que el **espíritu** del Faraón estaba perturbado, por lo que mandó llamar a todos los magos de Egipto y a todos sus sabios. El faraón les contó sus sueños, pero no había quién se los interpretara.

Entonces el jefe de los coperos habló al faraón diciendo: *"Ahora haré mención de una falta mía. Cuando usted se enojó contra sus siervos y me echó en la cárcel de la casa del capitán de la guardia junto con el jefe de los panaderos, en una misma noche el jefe de los panaderos y yo tuvimos un sueño. Cada sueño tenía su propia interpretación."*

"Estaba allí con nosotros un joven hebreo, esclavo del capitán de la guardia. Se lo contamos, y él le interpretó a cada uno su propio sueño. Tal como él nos lo interpretó, así sucedió. A mí el faraón me restableció en mi puesto y al otro lo hizo colgar."

Inmediatamente el faraón mandó llamar a José, y le hicieron salir apresuradamente de la cárcel. Se afeitó, se cambió de ropa y vino al faraón. Entonces el faraón dijo a José: *"He tenido un sueño, y no hay quien me lo interprete. Pero he oído hablar de ti, que escuchas sueños y los interpretas."*

José respondió al faraón diciendo: *"No está en mí sino en mi fe en Dios, quien responderá para el bienestar del faraón".*

Entonces el faraón le contó ambos sueños a José. Luego de escucharlos, José le ofrece la interpretación de la siguiente manera:

"El sueño del faraón es uno solo. Dios ha mostrado al faraón lo que va a hacer. Las siete vacas hermosas son siete años; y las siete espigas hermosas también son siete años. Se trata de un mismo sueño."

"Las siete vacas flacas y feas que salían detrás de las primeras son siete años, y las siete espigas delgadas y quemadas por el viento del oriente son siete años de hambre."

"Vienen siete años de gran abundancia en toda la tierra de Egipto, pero después de ellos vendrán siete años de hambre. Toda la abundancia anterior será olvidada en la tierra de Egipto. El hambre consumirá la tierra, y aquella abundancia pasará desapercibida en la tierra, debido al hambre que vendrá después, porque será muy grave."

"El hecho de que el sueño del faraón haya sucedido dos veces significa que la cosa está firmemente decidida de parte de Dios, y que Dios se apresura a ejecutarla. Por tanto, provéase el faraón de un hombre entendido y sabio y póngalo a cargo de la tierra de Egipto."

"Ponga funcionarios a cargo del país que recauden la quinta parte del producto de la tierra de Egipto durante los siete años de abundancia."

"Que ellos acumulen todos los alimentos de estos años buenos que vienen, que almacenen el trigo bajo la supervisión del faraón, y que los guarden en las ciudades para sustento."

"Sean guardados los alimentos como reserva para el país, para los siete años de hambre que vendrán sobre la tierra de Egipto. De esta forma, el país no será arruinado por el hambre."

Cuando Eventos Del Pasado Hacen Sentido

Su plan le pareció bien al faraón y a todos sus servidores. Entonces el faraón dijo a sus servidores: *"¿Podremos hallar otro hombre como éste, en quien esté el espíritu de Dios?"* El faraón dijo a José: *"Puesto que Dios te ha hecho saber todo esto, no hay nadie tan entendido ni sabio como tú." Por lo tanto, tú estarás a cargo de mi casa, y todo mi pueblo será gobernado bajo tus órdenes. Solamente en el trono seré yo superior a ti."*

El faraón dijo, además, a José: *"También te pongo a cargo de toda la tierra de Egipto."* Entonces el faraón se quitó el anillo de su mano y lo puso en la mano de José. Le vistió con vestiduras de lino fino y puso un collar de oro en su cuello. Luego hizo el anuncio oficial de su cargo a toda la tierra de Egipto,

Ya José tenía 30 años cuando empezó a servir al faraón, rey de Egipto. Saliendo José de la presencia del faraón, recorrió toda la tierra de Egipto. Los terrenos produjeron a montones en aquellos siete años de abundancia.

José acumuló trigo como la arena del mar, tantísimo que dejó de calcularlo, porque era incalculable. Pasados los siete años de abundancia que hubo en la tierra de Egipto, comenzaron a llegar los siete años de hambre, tal como José había anunciado. Había hambre en todos los países, pero en toda la tierra de Egipto había qué comer.

Pero cuando el hambre se sentía en toda la tierra de Egipto, el pueblo clamaba al faraón por alimentos. Entonces el faraón dijo a todos los egipcios: *"Vayan a José y hagan lo que él les diga."*

El hambre se extendió a todos los rincones del país. Entonces José abrió todos los depósitos de grano y vendía provisiones a los egipcios, porque el hambre se había intensificado en la tierra de Egipto. También de todos los países venían a Egipto para comprar provisiones a José, porque el hambre se había intensificado en toda la tierra.

Viendo el padre de José que había provisiones en Egipto, dijo a sus hijos: *"¿Por qué se están mirando unos a otros? He oído que en Egipto hay provisiones. Vayan allá y compren alimentos para nosotros, para que vivamos y no muramos".*

Diez de los hermanos de José descendieron a comprar trigo en Egipto. Pero Jacob, padre de José, no envió con sus hermanos a Benjamín, hermano de José, por temor que le ocurriera alguna desgracia. Así que salieron a comprar provisiones según les pidió su padre.

Siendo José el gobernador de la tierra, él era el que vendía provisiones a todos los pueblos de la tierra. Entonces llegaron los hermanos de José y se postraron ante él con el rostro a tierra. Al ver José a sus hermanos los reconoció, pero simuló serles extraño y les habló con dureza. Luego les preguntó de dónde venían, a lo que ellos le respondieron que de Canaán, para comprar alimentos.

Entonces José se acordó de los sueños que había tenido acerca de ellos. Aunque la historia es un poco más larga, quiero adelantarme y resaltar el momento en que finalmente José revela su identidad a sus hermanos diciéndole así: *"Soy José, su hermano, el que ustedes vendieron hace años."*

Yo me imagino los pensamientos de cada uno de ellos anticipando su destino. *"anda pal'çará, ahora sí que se vengará, la desgracia nos arropó",* entre otras expresiones de pánico, arrepentimiento y miedo. Pienso que reaccionaron conforme a su razonamiento humano, uno despiadado y vengativo.

Sin embargo, para sorpresa de ellos, al José notar la cara de horror y temor les dice: *"tranquilos, no se sientan mal, todo esto era necesario que aconteciera para que se cumpliera mi propósito de vida, salvar la tierra de Egipto".* ¡Wow! ¡Qué sentido de dirección y seguridad!

Su fe y espíritu fuerte ayudaron a José, no sólo a sobrellevar cada una de sus situaciones, sino también a perdonar y a entender su misión en la tierra. Enfrentó escasez, traición, rechazo, injusticia y burla con dignidad, paz, integridad y amor. ¿Qué harías en una situación similar? ¿Te vengarías?

¿Casualidad O Plan Divino?

Es posible que digas: *"Frankie, eso es un cuento, analogía o leyenda, la vida no es así."* Tal vez tengas razón, pero debo contarte brevemente un momento de mi vida en que me sentí como José. Como te contaba anteriormente, viviendo en la ciudad de Miami, me quedé sin trabajo.

Si recuerdas, llegué a Puerto Rico para visitar a mi mamá, quien había sido operada de cáncer, y traje mi resumé como te había contado. Conseguí trabajo en un banco que comenzaría una expansión en toda la isla, lo que sonaba muy atractivo para mí por las oportunidades que representaba.

Luego del primer año las cosas mejoraron, me habían ascendido a supervisor y el salario fue incrementando. Sin embargo, comenzó a ocurrir una serie de realidades en el área que trabajaba que no eran las mejores, al menos de acuerdo a mi criterio. Los resultados, producto del desempeño de nuestro trabajo, no eran los mejores, y eso me preocupaba. Se lo mencioné a quien fuera mi jefe, pero no pareció importarle.

Protegiendo mi salud mental y emocional para que no se afectara, pedí un traslado de departamento y, para mi sorpresa, fue aprobado de inmediato. Al día siguiente, quien fuera mi jefe fue a hablar con el presidente del Banco para informarle sobre todas las irregularidades en las operaciones del departamento. Lo increíble no fue eso, sino que le dijo que todo era por mi culpa.

Se emitió una orden para mi despido, algo de lo que me enteré luego. Sin embargo, la persona a cargo de los recursos humanos le dijo al presidente que había algo que no le sonaba bien. Le indicó que me pondría a hacer algunos trabajos especiales y dar un poco de tiempo, para ver qué ocurría en el área donde trabajaba.

Abrieron una mesa plegadiza, la pusieron en una esquina de las oficinas, me pusieron una montaña de papeles de computadora y me dijeron que había una diferencia de dos millones de dólares que nadie había podido descifrar, que intentara conseguirla.

De momento, mi mente comenzó su trabajo y escuchaba varias voces como las escuchas cuando llegan momentos cruciales en tu vida. Una me decía: *"qué humillante; no te dejes Frankie, renuncia. Otra decía: si nadie ha podido encontrar la diferencia, tú menos; con esto sí que te van a despedir."* En ese momento las callé, busqué en mi fe y confié que la justicia se haría pública y me dije así: *"mientras tanto, haré lo mejor de mí para conseguir esas diferencias."*

Comencé a trabajar y a encontrar las diferencias una a una. Cada vez que llevaba un ajuste, me miraban y me preguntaban que si estaba seguro. De dos millones de diferencia ya iba por doscientos mil, una reducción considerable. Mientras tanto, las cosas no mejoraban en mi antiguo departamento y, por lo que escuchaba, iban de mal a peor.

Para hacerte la historia larga, corta, un día vi entrar a quien fuera mi jefe en la oficina del presidente. Diez minutos después salió, así como también el presidente, quien me llamó a su oficina. Me pidió que me sentara y me dijo: *"fulano de tal ya no trabaja con nosotros, su puesto es tuyo."*

Por poco infarto con la noticia; no lo podía creer. Era como un sueño, pues una de mis metas en aquel entonces era llegar a ser vicepresidente de un banco, y me acababan de dar la gran noticia de que—a mis 31 años—lo había logrado.

Salí flotando, era como si caminara en el aire sin escuchar ningún ruido a mi alrededor. De repente mi mente volvió a hablarme y me dijo: *"Hello, Frankie, qué bueno que estás contento, pero lamento interrumpir tu fiesta para recordarte que la mitad de las responsabilidades del puesto nunca las has hecho. La única persona que podía ayudarte ya no está...¿qué vas a hacer? No vas a dar la talla."*

Nuevamente la mandé a callar y evoqué a mi fe, a mi Dios y a la confianza en mis capacidades, o sea, en mí mismo. Recuerdo como hoy que miré al cielo y dije, *"Dios, si me metiste en esto, sé que me ayudarás a encontrar el camino."* Y así fue, por más de 20 años fui vicepresidente de banco, aún cuando dos semanas después de mi ascenso, quien fuera mi jefe me llamó para decirme que me daba un mes de vida como vicepresidente. Lamentablemente, no pude conceder su petición.

Si te das cuenta, mi fe y espíritu me mantuvieron sereno en medio de la injusticia, humillación y soledad del momento. De no haber tenido paz interior, seguramente habría sucumbido ante la situación o hubiera decidido abandonar el lugar. De haberlo hecho, me habría perdido la oportunidad de vivir mi propósito en aquel momento, y mi sueño.

Esa misma paz interior la experimenté cuando lo había perdido todo. Sin embargo, en un momento dado, debido a la misma desesperación y ansiedad, comencé a frustrarme y tratar de hacer las cosas a mi modo y con mi propio esfuerzo únicamente. Sin embargo, noté que en lugar de adelantar, me sentía cada vez peor. Un día me dije: ya no me voy a preocupar más; sé que todo va a estar bien y las cosas llegarán en el tiempo de Dios, no en el mío.

Cuando dejé esa carga, todo comenzó a ocurrir y mi vida volvió a tener sentido. Las cosas comenzaron a mejorar y hoy me encuentro escribiendo mi segundo libro y viviendo la vida que siempre soñé, ser portavoz de un mensaje inspirador, transformador y educativo que ayude a todo el que me lo permita.

Vivimos en un mundo cambiante, ya las cosas no son como eran hace 20 años atrás. Si no tienes un equilibrio de fe, que trasmita confianza a tu mente, tu cuerpo lo resentirá y los resultados que obtengas en la vida estarán limitados. Es importante que comprendas este concepto, pues juega una parte esencial dentro de ese balance que deseo que entiendas, pues puede beneficiar tu vida de una manera asombrosa.

Cuando sentimos paz en nuestro interior, nos enfermamos menos, somos más felices y podemos pensar mejor. Vivir sabiendo que tenemos a alguien poderoso de nuestro lado nos da confianza. No lo pases por alto, tarde o temprano lo necesitarás.

Conocí una persona que decía no creer en nada. El pensaba que el ser humano creaba estas imágenes, creencias y religión debido a sus inseguridades. Se mofaba de todos aquellos que creían en Dios y vivía, según él, a su manera.

Un día fue a visitar a su médico y resultó ser que le descubrieron cáncer. El doctor le dijo que debía comenzar tratamiento de quimioterapia de inmediato. Se sometió a ellos, pero lamentablemente no le estaba dando el resultado o mejoría que se esperaba. Comenzó a desesperar y cuando vio que todas las alternativas se estaban agotando, recurrió a la última de su lista, clamar a Dios.

Lo que quiero entiendas es que, tarde o temprano, tu interior pedirá a gritos que sacies su necesidad espiritual. Tal y como ocurre cuando tienes hambre, el espíritu también demanda alimento para poder fortalecerse.

Resumiendo este importantísimo punto, debes saber que la fe es creer en lo que no se puede ver y guardar la calma cuando todo es turbulento. También debes saber que la fe no es pasiva; tienes que poner las creencias en práctica. La fe es oír lo imperceptible y ver lo que no se puede ver; es creer lo increíble y recibir lo imposible.

Fe

La fe va en contra de las expectativas y condiciones naturales. Tener fe es crear un vacío en el corazón para que lo llene Dios o en lo que creas. Sin embargo, no se trata solamente de creer que DIOS puede hacer algo, sino estar completamente convencido de que lo hará. O sea, con fe, la respuesta no sorprende, ya se sabía que sucedería.

Tener fe es permanecer en tu puesto cuando todos los demás huyen. Es quemar las naves para no poder volver atrás. Es estar dispuesto a pagar cualquier precio, hacer lo que Dios pide hoy y creer que Él hará mañana lo que te ha prometido. La fe es lo contrario del temor.

Fe es elegir a Dios a pesar de las demás posibilidades.

Tener fe para fortalecer tu espíritu es confiar en la Palabra de Dios o—como te mencioné antes—en quien hayas decidido creer, y no en lo que te dicen tus sentidos. Es estar dispuesto a morir confiando.

La fe es como un músculo que se vuelve fuerte y flexible al ejercitarlo. Mantén tu fe y espíritu en condición, pues nunca sabes cuándo deberá entrar en acción

"El éxito llega cuando vivimos con gratitud hacia nuestro Creador, según nuestro propósito, amamos con devoción, evolucionamos según los tiempos y nos sentimos complacidos en quien nos hemos convertido."

Frankie Cotto

PROGRESO Y LIBERTAD

"Esfuérzate Por Progresar…

…No Por Llegar A La Perfección"

- Anónimo

Si has llegado hasta aquí, significa que eres una persona luchadora, distinta y estás sobre el promedio de los demás. Lo sé porque no todos llegan tan lejos; por lo tanto, eso denota que eres una persona muy especial, y te felicito por eso.

Ya te acercas a la recta final de este libro y, comienzo de una nueva etapa de tu vida. Hasta el momento ya has aprendido que, para tener bienestar, debes tener una mente en orden, un cuerpo saludable y un espíritu fuerte. Sólo faltan dos importantes puntos que no puedes pasar por alto.

La pieza que complementa este maravilloso rompecabezas puede cambiar tu vida de una manera increíble. La he llamado: el **dúo dinámico.** ¿A qué me refiero con el dúo dinámico? Para entender lo que significa, quiero que hagas un viaje al pasado conmigo. No sé si eras como yo, pero de niño me encantaban las series de los súper héroes como lo eran "Batman" y "Robin" o "Súper Man" y "Súper Niño". Recuerdo que las series siempre comenzaban con uno, y luego añadían otro personaje para hacer una pareja más poderosa en la lucha contra el crimen. O sea, dos era mejor que uno, pues se complementaban el uno con el otro.

Si no te gustaban estas series, lo puedes comparar con esas parejas que se complementan el uno al otro. Me explico, dicen que polos opuestos se atraen, pues estas parejas que viven en armonía, lo que le falta a uno lo tiene el otro; así hacen más fuerte la relación. ¿Me sigues?

Muy bien, ahora que ya tienes una idea a lo que me refiero sobre el dúo dinámico, te explico los dos aspectos de esta pareja compuesta por **progreso y libertad,** pero las trabajaremos de manera individual.

Progreso

"Esfuérzate Por Progresar…

…No Por Llegar A La Perfección"

- Anónimo

Cuando tenía 26 años ya había formado mi familia, tenía dos niños, trabajaba en un banco, pero de repente sentí que la vida se me había ido como el agua entre los dedos. Comencé a sentirme desesperado, ansioso y confundido, pues en aquel momento no sabía con exactitud qué me pasaba hasta que enfrenté mi realidad: no había terminado mis estudios universitarios, y pensé que era muy tarde.

A pesar de que ya trabajaba en el banco, comprendí que no podría progresar en mi empleo, pues todos los demás que me rodeaban tenían sus diplomas, así que mis posibilidades de ser ascendido de puesto y mejorar económicamente eran pocas.

Luego de buscar información sobre mis alternativas, retomé mi vida y comencé a estudiar de noche. No fue fácil, pero sentía una energía distinta, podía amanecerme estudiando, seguir para mi trabajo y volver a la universidad. No sólo eso, sino que, por irónico que suene, con trabajo a tiempo completo, dos niños y demás responsabilidades, obtuve mejores calificaciones que cuando estaba soltero.

Sentirte progresando te ofrece dirección, sentido de valor y propósito de vida. Necesitas sentirte útil, fuiste creado para producir y servir. No hacer tu parte trae condiciones como fatiga emocional, aburrimiento, y es como estar muerto en vida.

Ahora bien, para progresar debes tener claro hacia dónde quieres ir. Tienes que saber cuáles son tus talentos, capacidades, metas y lo que quieres que ocurra en tu vida. En mis consultorías con clientes les pregunto sobre esto, y sus contestaciones son tan ambiguas que inmediatamente me percato de que no saben lo que quieren.

Esto ocurre porque han basado sus vidas en lo que escuchan, en el dinero, los miedos, las dudas y en otras experiencias pasadas. Ya en este punto, puedes comprender mejor esta realidad, pues la hablamos al principio cuando aprendiste sobre el poder de tu mente, la función del consciente, el subconsciente y cómo influyen en lo que eres hoy.

Sin objeciones, limitaciones o prejuicios, quiero que hagas una lista de lo que te gusta hacer, aquello que cuando lo haces sientes que lo realizas excelentemente y con pasión. Imagina el mejor escenario de tu vida, haciéndolo sin pensar en el cómo o si es o no posible.

Para que se te haga fácil el ejercicio, déjame decirte cómo descubrí que era talentoso para hacer lo que hoy hago. Desde joven me apasionaba trabajar con jóvenes y servía como consejero, fui coach de baloncesto y baseball, y me encantaba verlos progresar. En el camino de la vida, en todos los lugares que trabajé, trataba de hacer la diferencia en la vida de los empleados bajo mi supervisión; me proponía influenciarlos de forma positiva y que no fueran iguales al momento que el destino nos separara.

Un día me pregunté, ¿qué haré cuando me retire? ¿Qué me apasionaría tanto al punto de hacerlo gratis? Indudablemente era ayudar a otros a ser mejor de lo que jamás pensaron. Me gustaba también el "fitness", así que cuando me certifiqué como entrenador personal comencé a ejercerlo a tiempo parcial, pues quería asegurarme de que realmente me apasionaba.

En ese proceso, aprendí que no solo los entrenaba para que tuvieran un cuerpo más saludable, sino que me convertía en su consultor personal en aspectos profesionales, físicos, como consejero de parejas, estudiantil, y hasta manejé conflictos de familia.

Ahí descubrí mi verdadero talento y misión de vida. Ahora te toca a ti descubrir lo que te gustaría hacer sin que medie el dinero, sino tu pasión; lo económico lo descubrirás en el camino. Con esto no quiero que pienses que te voy a sugerir que abandones tu trabajo actual mañana. Yo no lo hice; comencé a tiempo parcial hasta que llegó el momento de convertirlo en mi profesión. En el camino tú también lo descubrirás.

Si ya preparaste tu lista de talentos, capacidades y metas, podemos continuar. Debes saber que, para complementar tu progreso, necesitas saber cómo maximizar el proceso. Me explico, puedes saber lo que quieres lograr, tener claro tu propósito y tener toda la energía necesaria, pero si no sabes cómo organizarte y maximizar tu tiempo, podrías terminar cada día exhausto, sin haberte movido en dirección a tu destino.

Cuando ofrezco talleres de productividad, me percato de que no muchas personas saben cómo organizar su tiempo, mucho menos maximizarlo. Te doy seis consejos de cómo organizarte y hacer mejor uso de tu tiempo diariamente:

Clasifica tus tareas por hacer entre *urgentes, importantes e importantes pero que pueden esperar.*

- Antes de retirarte a descansar, deja escritas las cosas que debes realizar al día siguiente, en orden de prioridad. De esta forma, tan pronto abras los ojos en la mañana, sabrás específicamente lo que debes hacer primero y podrás aprovechar cada minuto.

- Atiende las urgentes primero, luego las importantes para hoy y por último aquellas que, aunque son importantes, puedes dejarlas para el día siguiente si el tiempo no te diera. Eso sí, ten cuidado de no cometer el error de muchos: atender las urgente e importantes en la tarde, pues el tiempo te puede traicionar. Esto ocurre porque usualmente son las más difíciles o no te gusta hacerlas. Sigue el orden sugerido y no tendrás problemas.

- Trabaja con las responsabilidades que requieren tu mayor concentración en las horas que más alerta te sientas. En mi caso, en la mañana es cuando más productivo me siento para atender aquellas tareas que requieran más enfoque.

- En los momentos de baja concentración, ya sea por cansancio mental o porque no tuviste control en la hora de almuerzo, comiendo de más o demasiados carbohidratos, realiza labores que no incluyan cálculos con números o trabajo similar.

• Las llamadas que tengas que hacer, y que no sean urgentes, realízalas cerca de la hora del almuerzo o cuando es hora de terminar el día de trabajo. De esta manera, la persona a quien llamas irá al grano y no te tomará más tiempo del necesario.

Una vez aprendes cómo organizarte y manejar tus asuntos de manera eficiente, debes atender con prioridad el tiempo de ejercitarte. Tratar este asunto como uno de poca o ninguna importancia provocará que, al mínimo contratiempo, sea lo primero que borres de tu lista.

Al ejercitarte, enviarás sangre y oxígeno a tu cerebro lo que te permitirá funcionar mejor. Por lo tanto, tal y como hablamos en el tema del cuerpo, tu salud depende del tiempo que separes para ejercitarte. Con el Sistema 40x4 que diseñé, no debes tener problema en moverlo de día de ser necesario. Recuerda que la meta es realizar 4 días, 40 minutos.

Para mantenerte en progreso, debes descansar el tiempo que el cuerpo necesita. Las recomendaciones varían desde sugerir dormir 7 horas hasta 12. Creo que cada uno de nosotros funciona de manera distinta. En mi caso, si duermo más de 8 horas o menos de 6 1/2 no me siento en óptima condición mental para poder cumplir con mis responsabilidades. Descubre cuántas horas necesitas y aplícalo a tu diario vivir; sin el descanso apropiado no hay manera de poder progresar.

En mi trabajo con clientes, me encuentro frecuentemente con personas que piensan que no necesitan dormir o alimentarse adecuadamente. Créeme, ya lo he visto en un sinnúmero de ocasiones: personas que invierten toda su salud tras metas que en ocasiones nunca logran ver, debido a un infarto prematuro o enfermedades que pudieron ser prevenibles. Te pregunto ¿valdrá la pena gastar nuestra salud a costa de cosas materiales?

Antes de que me juzgues o lo hagas contra ti mismo, justificándote de no vivir tus sueños, debes saber que no estoy diciendo que tener dinero, posesiones o cosas materiales sea malo, pues no lo es. Sin dinero es imposible ayudar a otros. Lo que quiero decir es que no debes amarlo más que a tu propia vida. Descuidar nuestro cuerpo, mente y espíritu no es tener bienestar, como ya habrás notado hasta el momento.

Déjame darte cinco razones que te ayudarán a entender el beneficio del progreso en tu bienestar:

1. Aprender algo nuevo estimula el fortalecimiento de tu cerebro.

2. Reduces el riesgo de adquirir enfermedades mentales tales como el Alzheimer.

3. Adquieres destrezas que te pueden ayudar a conseguir un nuevo y mejor empleo.

4. Sube tu autoestima.

5. Mejora tu relación interpersonal con otros.

Como último punto, para mantenerte en progreso necesitas un coach, consultor o mentor. Cuando ejercía como entrenador personal, muchas personas llegaban a mí, luego de obtener el resultado deseado para expresarme cuánto lamentaban no haber tomado la decisión antes. Al preguntarle por qué, me confesaban cuánto dinero habían gastado en pequeñas sumas que cuando las sumaron se daban cuenta de que no sólo perdieron el tiempo, sino que tampoco obtuvieron resultados.

Artistas y deportistas tienen un coach que los ayuda en su ejecutoria profesional. Ser famosos no los hace perfectos; necesitan alguien que los guíe, motive e inspire a mantener o sobrepasar sus resultados.

Libertad

"Más Allá Del Miedo...

...Está La Libertad"

- Anónimo

Hablemos ahora de la pareja de progreso, **libertad.** Te pregunto: "si tuvieras que escoger entre tener un millón de dólares o permanecer 10 años en prisión, ¿qué escogerías? O si tienes que decidir entre quedarte trabajando dónde estás o regresar a la universidad por 5 años para aprender un nuevo material que te garantiza un nuevo puesto que te pagaría $10,000 al mes, ¿cuál sería tu decisión? ¿No está fácil, verdad?

Libertad se refiere a aquellos aspectos que te permiten ser tú, hacer lo que te plazca, cuando quieras, donde quieras y con quien desees. Esta palabra libertad es muy profunda y extensa, pero te he dado un adelanto para que vayas alineando los puntos. En ocasiones creemos que somos libres, pero la realidad es que hemos sido esclavos de un trabajo que detestamos, una relación que no nos permite ser uno mismo o unas finanzas que no reflejan nuestro potencial, mucho menos vivir como deseamos.

Quiero que medites por unos minutos acerca de tu vida. ¿Te sientes libre? ¿Estás complacido con la vida que llevas y el resultado de tu esfuerzo? Si pudieras comenzar nuevamente, ¿qué cosas harías diferente? Si esto fuera posible, ¿tendrías resultados distintos?

Estoy seguro de que llegarías a la misma conclusión que yo, no habrías cometido tantos errores y tu presente sería mucho mejor. Lamentablemente, no se puede volver atrás para modificar nuestro escenario de hoy, pero sí podemos cambiar nuestro destino. Si no estás complacido con la vida que llevas, quiero que escribas qué cosas cambiarías. ¿Tendrías el mismo trabajo? ¿Estudiarías algo diferente? ¿Vivirías en el mismo lugar y conducirías el mismo auto? ¿Estarías con la misma pareja que tienes?

Cuando era niño vi una película que trataba acerca de este genio que vivía dentro de una lámpara mágica. Si una persona la encontraba y liberaba al genio frotándola, éste le concedía tres deseos.

Recuerdo que en muchas ocasiones imaginaba encontrarme la lámpara y escoger mis tres deseos. Te pregunto, ¿cuáles serían tus tres deseos? Toma unos minutos y define cuál es la vida que te encantaría vivir; no tienes que pensar si es o no posible, simplemente escribe.

El dinero, como ya he comentado antes, no es malo; mucho menos es un pecado desear tener más. Como tampoco es malo querer tener mejor salud o una mejor relación amorosa. La diferencia estriba en el propósito que tengas para vivir tu vida y cómo la compartes con el resto del mundo.

Mira tus tres deseos, ¿crees que podrías tener al menos uno sin dinero? Todos desean lo mejor para sus familias, darle lo que deseen, cuidarlos y ayudarlos, pero cuando tus recursos económicos son limitados, eso no se puede lograr. Amar el dinero, por su parte, es donde realmente está el problema, pues ya no amarás a tu prójimo, mucho menos al mundo que te rodea.

Ahora que sabemos que no es malo, negativo o pecado el dinero, repasemos la época que nos ha tocado vivir. Son tiempos cambiantes, las cosas no se hacen como hace 20 años. Algunos piensan que todo va de mal en peor y que cada vez hay menos oportunidades de empleo o progreso.

En parte eso es cierto; sin embargo, no sé si sabías que hoy existen más millonarios que hace 20 años atrás y los expertos dicen que seguirán en aumento. ¿Por qué crees que esto ocurre?

Te doy mi opinión, cada día hay más y más personas que han sido liberados de una mente cautiva y limitada. Sí, así como lo lees y Yo soy uno de ellos. En el momento que comencé a ver mis problemas como piedras que se convertían en escalones para poder seguir caminando en dirección horizontal, vi un mundo lleno de oportunidades.

Me di cuenta que, hoy día, cualquier persona que quiera ganar más dinero haciendo menos, lo puede lograr utilizando una computadora y una conexión a Internet. Te explico, si sabes aprovechar la tecnología disponible en combinación con la información correcta, tienes acceso a un mercado global sin limitaciones a un lugar, país o pueblo en específico.

Nunca antes había existido una oportunidad tan extraordinaria y al alcance de tantas personas. Hoy día, se puede comenzar de una forma bastante rápida, y con costos de operación bajos, un negocio desde la casa. Unos de los negocios que tuve fue un gimnasio, y el costo operacional ascendía a $22,000 mensuales.

No sólo esto, sino que venía acompañado de una complejidad extrema de otros elementos asociados a simplemente abrir las puertas al público. Cuando descubrí el gran potencial de éxito financiero que se puede lograr con un modelo de negocio desde la casa y la satisfacción personal que lo acompaña, no lo podía creer.

Luego de haberlo perdido todo, en la búsqueda de alternativas para volver a comenzar, leí la biografía de personas que pasaron por la misma experiencia que yo y pudieron levantarse. Encontré mucha información que me ayudó a darle dirección a mi vida.

En el camino, mi amigo y "coach" Alex Ochart me enseñó que mi historia, mi mensaje de bienestar y la experiencia adquirida la podía compartir con otros. Me motivó, inspiró y enseñó que a través de un libro, consultorías, conferencias o algún otro producto podía convertir mi vida en un mensaje para presentar y exponer mis conocimientos al servicio de otros, al mismo tiempo que lo podía monetizar.

Hoy día, si posees una destreza que enseñar, una pasión sobre un asunto o pasatiempo, puedes comenzar tu propio negocio y monetizar tu talento y capacidad. Tal vez estés pensando que no tienes una gran historia o algo que enseñar. Si ese fuera el caso no te preocupes, puedes decidirte por algún tema que te guste, estúdialo, recopila información para convertirte en un experto sobre el asunto, y podrás crear un producto.

O sea, no hay excusas, cualquiera que quiera puede comenzar y hacer crecer un negocio exitoso desde la conveniencia de su computadora, porque definitivamente vivimos en tiempos extraordinarios, como dice Alex Ochart.

El objetivo que quiero lograr es inspirarte a tomar acción y liberarte de una mente limitada y cautiva por viejos pensamientos que te han mantenido preso por tantos años. En mi página **www.TuBienestarEsPrioridad.com**, puedes encontrar datos e información sobre esta tendencia que crece aceleradamente.

En mis talleres y consultoría personal enseño cómo hacer crecer un negocio de Internet, así como alcanzar un estilo de vida lleno de abundancia y libertad. Me apasiona impactar a muchos de forma positiva con lo que hago, enseñando cómo utilizar lo que he aprendido en todos estos años.

Otra alternativa que sigue en crecimiento y que puedes desarrollar desde tu hogar son las redes de mercadeo o negocio de multinivel, como lo conocen muchos. Te ofrece la oportunidad de elevar tus ingresos, trabajar en tu tiempo libre y recibir tremendos incentivos.

La suma de inversión es considerablemente baja, en comparación con el tipo de negocio tradicional, y el margen de ganancia dependerá del esfuerzo que le dediques, entre otros aspectos asociados a la compañía, producto y tiempo en el mercado.

Si nunca habías escuchado acerca de este tipo de negocios, te ofrezco un resumen para tu beneficio. *Red de Mercadeo, Network Marketing o Multinivel* es uno de los métodos de mayor crecimiento hoy día; sin embargo, es uno de los que menos se comprende y en los que más se desconfía. *Red de Mercadeo* se refiere al sistema de compensación previsto para aquellas personas que son responsables de que el producto se comercialice o el servicio se provea.

Existen reglas, principios y unos conocimientos para seleccionar la compañía, lugar y momento adecuado para maximizar los resultados. Pero, por ahora, sólo quiero que comprendas que hay opciones que puedes incluir en tu búsqueda de una mejor vida financiera.

Una tercera alternativa que ofrece *libertad* en tus finanzas y tu tiempo es una franquicia. Es un contrato entre dos partes independientes que se definen entre el franquiciador y el franquiciado. Por una parte, el franquiciador (o empresa franquiciadora) cede el derecho—licencia para utilizar su marca empresarial—durante un tiempo y lugar determinados.

Por otra parte, el franquiciado debe pagar una cantidad de dinero al franquiciador. La cantidad que se paga es para adquirir los derechos conocidos como canon o tarifa de entrada. Usualmente esta cantidad es bastante alta, por lo que no es accesible para todo el mundo, lo cual la hace algo difícil de adquirir.

La idea al mostrarte estas alternativas es proveerte información que expanda tus conocimientos y puedas comenzar a pensar de manera diferente acerca de tu futuro. Debes tener presente que, si continuas pensando de la misma manera o realizando lo mismo, obtendrás los mismos resultados que hasta el momento. Si deseas resultados diferentes, tienes que hacer cosas diferentes. Te estoy hablando de crear alternativas de libertad financiera y de tiempo.

Leí en una ocasión la historia de estos científicos que estudiaban el razonamiento intelectual de los monos. Como parte de su investigación, pusieron a cinco monos en un tipo de jaula con paredes de cristal para poder observar desde afuera. Colgaron un racimo de guineos en el techo, colocaron una escalera debajo y metieron a los cinco monos.

Inmediatamente uno de ellos intentó subir la escalera para llegar al racimo de guineo, pero los científicos lo bajaron lanzando un chorro de agua a presión. Uno a uno trató de subir la escalera para comerse los guineos, pero los científicos se encargaron de frustrar cada intento. Finalmente, los monos desistieron del asunto.

Cuando esto ocurrió, sacaron uno de los monos y trajeron otro nuevo. ¿Qué crees fue lo primero que hizo? Exacto, intentó llegar a la escalera para alcanzar el racimo de guineos. En esta ocasión, fue detenido por los otros cuatro monos que ya habían experimentado la presión de agua que lanzaron los científicos. Tomaron pedazos de madera y lo bajaron a golpes. Finalmente, el nuevo mono desistió.

Los científicos trajeron otro mono nuevo y sacaron uno de los antiguos con un resultado similar, bajaron a golpe al nuevo mono que intentaba llegar a los guineos. Sucesivamente, los científicos fueron sacando monos y trayendo otros que no habían experimentado el agua lanzada por los científicos.

Un día llegó este nuevo mono que luego de intentar infructuosamente llegar a los guineos y haber sido bajado a golpes, se quedó pensando por un minuto mientras se recuperaba de la golpiza. Luego, se viró hacia uno de los monos que lo había golpeado y le pregunta, *"¡¿por qué me golpean, solo quería un guineo!?"* a lo que el otro le contesta: *"No sé, pero desde que llegué aquí, las cosas son así."*

No vivas asumiendo que las cosas siempre serán de la manera que lo has experimentado hasta el momento. Lamentablemente, hoy día son muchos los que desconocen la dimensión de nuevas oportunidades como las que te mencioné anteriormente. Como consecuencia, sufren o sufrirán el impacto de una economía cambiante. Los tiempos nos dirigen hacia una nueva era digital donde todo el mundo está o estará conectado y tú tienes que estar preparado para conectarte con el mundo.

Entre el 1980 y 2008 trabajé para 11 distintas corporaciones, mayormente en la industria bancaria tanto en mi país natal Puerto Rico, como también en los Estados Unidos. De las 11, sólo quedan 3. Cuando comencé mi carrera profesional, en Puerto Rico existían 22 bancos comerciales, hoy día quedan 6.

¿Qué significa esto? Simplemente que los empleos que se fueron no van a regresar. Las industrias del pasado están desapareciendo. No hay cómo detener el progreso. Por eso necesitas comenzar a moverte en la dirección y velocidad adecuada.

No quiero que te preocupes, porque hay buenas noticias para todo este escenario de decadencia laboral. Tienes en tus manos la oportunidad de reinventarte y mejorar considerablemente la manera de ganarte la vida. El éxito llega para todo aquel que tenga la visión, el deseo y la pasión por mejorar, aceptar los cambios y modificar hábitos y costumbres.

Obtener el triunfo en la vida no es únicamente para el más inteligente en el salón, mucho menos para el más rápido o quien llegó primero. En esta nueva economía, no depende de tus conexiones con gente importante o los títulos universitarios colgados en la pared.

No malentiendas, respeto a todos aquellos que se han esforzado por obtener sus grados universitarios. Lo que quiero que comprendas es que la nueva economía le permite a cualquier persona ganar el dinero que desee, si sabe cómo aplicar nuevos conocimientos, tenga un plan de acción para avanzar hasta sus metas y tenga la disciplina para priorizar y enfocar los esfuerzos hasta conseguir los resultados.

Algunas personas estudian una profesión simplemente por el estilo de vida que desean vivir, el potencial económico que creen que tendrán una vez se gradúen, o por el prestigio que les ofrece. Al terminar se dan cuenta que, por el momento, tendrán que conformarse con "el prestigio" hasta que no terminen de pagar todos los préstamos estudiantiles.

Otros optan por trabajar el doble de horas para poder ganar lo suficiente y vivir a la altura que desean. Sin embargo, no logran tener libertad de tiempo. La industria del internet o redes sociales te permiten generar suficiente ingreso como para poder tener la libertad financiera, de tiempo y el estilo de vida que desees. Sólo necesitas una pequeña inversión, disciplina para aprender y el deseo de cambiar tu vida.

La Combinación Perfecta

Ya en este punto comprenderás por qué he llamado a **PROGRESO y LIBERTAD,** *"El Dúo Dinámico"*. Son una herramienta poderosa en el balance entre lo que compone el bienestar del cual hablamos al principio y que a manera de repaso son: **tu mente, cuerpo, espíritu y el dúo dinámico.** Ellos cierran el círculo que te harán vivir lleno de bienestar.

CONCLUSIÓN

"La Mente Es Como Un Banco...

...Lo Que Depositas Es Lo Que Retiras"

- Anónimo

Hace unos días, mientras escribía este libro, mi computadora se bloqueó y no quería funcionar. Intentaba hacerla trabajar adecuadamente, pero seguía dándome errores y problemas que - aunque parecían pequeños - no me permitían seguir trabajando. Hice varios intentos, incluyendo el clásico: apagarla y encenderla, como posiblemente te ha ocurrido. Aunque el método usualmente funciona, en esta ocasión no sucedió nada.

Ya comenzaba a desesperarme, pues me estaba haciendo perder tiempo, además que temía pudiera perder trabajo e información importante para mí.

De momento, se me ocurre apagarla y quitarle la batería o pila. Lo hice, la dejé apagada y sin la batería por unos minutos. La volví a colocar, presioné el botón de encender y finalmente, comenzó a funcionar correctamente.

Has llegado hasta el final de este libro; no muchos llegan hasta aquí, y una vez más te felicito por ser diferente y determinado. Como te mencioné antes, haber seleccionado este libro me muestra que eres alguien con deseos de cambiar o mejorar su vida. Una persona con anhelo de vivir plenamente, alcanzar sueños, ser feliz y tener complacencia de sí mismo.

Te he dejado información que no tengo duda de que puede hacer que logres esa meta pero, para que ocurran cambios positivos, faltan un par de pasos que debes dar para convertirlos en realidad. Mencionaba hace un momento el problema que confronté con mi computadora y lo que tuve que hacer para hacerla funcionar bien y terminar mi trabajo.

En ese momento me di cuenta de que en nuestra vida sucede algo parecido. Déjame explicarte a lo que me refiero. Para darle un giro a nuestro destino, tenemos que apagar todo nuestro sistema operativo, incluyendo la batería, para volver a encenderla.

Incluso, algunos tienen que incluir nuevos programas, añadir más memoria e incluir un antivirus. ¡Ah!, y como si fuera poco, debes tener un lugar de confianza que te ofrezca servicio de mantenimiento para evitar otros problemas que puedas enfrentar en el camino.

A través de las páginas de este libro, te he traído un nuevo sistema operativo, pero depende de ti si lo instalas o no. Tal vez venías con una mente clara, pero con sobrepeso. Quizás tu espíritu está desgastado y tu progreso estancado, por lo que te mantienes en un lugar preso por falta de conocimiento o una mente limitada.

Te sientes cansado en el camino, confundido y desesperado. Quiero que entiendas que te comprendo, pues estuve como tú.

Te contaba en el libro que mi vida no lucía completa nunca; y me cuestionaba a menudo si alguna vez estaría completamente bien o lo que luego definí como bienestar. Cada etapa parecía incompleta; era como correr en una trotadora eléctrica, me cansaba pero nunca llegaba a ninguna parte.

He trabajado con clientes que me confiesan cuán frustrados se sienten porque no pueden complacer a su pareja. Recuerdo esta dama que me contaba cómo su esposo la criticaba por tener sobrepeso luego de haber tenido dos niños. Me decía, "si él me ayudara con los niños y en la casa, podría hacer ejercicios". Me contaba que, en una ocasión, buscaba niñeras que cuidara a los niños para poder tener tiempo de realizar ejercicios.

Entonces la historia cambió; su esposo le peleaba porque estaba obsesionada con su cuerpo y estaba desatendiendo a sus hijos. Era una situación bien difícil pues, al hablarme, noté que ella trataba de hacer todo lo posible por complacer a su esposo. Sin embargo, él parecía nunca sentirse complacido o satisfecho.

Luego de hacer varias preguntas sobre cómo se conocieron, su relación de novios y sus familias, la hice que llegara a descubrir por sí misma por qué él se comportaba así.

Era el único hijo varón en medio de cuatro hermanas. Su padre lo sobreprotegía y no permitía que hiciera nada en la casa, pues él era un hombre.

Obviamente, creció pensando que era normal que pudiera hacer lo que quisiera y que su pareja se sometiera a él en todo.

Esta pobre mujer estaba presa en una relación que no estaba funcionando, algo que ella pudo prevenir de haber tenido los conocimientos suficientes como para haberse dado cuenta de la filosofía de vida de su actual esposo.

No obstante, con la información confrontó a su esposo y, sorpresivamente, él le demostró que la amaba, así como a sus hijos. Nunca pensó que su comportamiento era incorrecto. Se disculpó, buscaron ayuda profesional y su matrimonio fue liberado.

Para que ese cambio ocurriera, tanto ella como él tuvieron que apagar el sistema operativo que había dominado el curso de sus vidas. Instalar nuevos programas y prácticamente comenzar desde cero, con una nueva conducta, modo de vida y enfoque.

Cambiar no es algo fácil o que ocurre de la noche a la mañana. Requiere esfuerzo, disposición, paciencia y mucha práctica. Sentirás deseos de abandonar lo que comenzaste, pero si tienes un gran motivo, como ya te enseñé, lo puedes lograr.

Un cambio positivo en tu vida es posible con dirección y ayuda, razón por la que creé mi página www.TuBienestarEsPrioridad.com. Es un lugar de mantenimiento donde encontrarás información que te mantenga al día en cuanto a estilos de vida, cuidados y otros consejos relacionados, que te ayudarán a mejorar o mantener los resultados que irás adquiriendo a medida que apliques la información que te he ofrecido en este libro.

En resumen, **BIENESTAR** es cuando eres consistente de cómo te sientes y vives. Una vez aprendes a vivir disfrutando de bienestar continuo, la vida se hace más resplandeciente, extraordinaria, y eres más feliz.

No es que sea perfecta; saber contentarte cualquiera sea tu situación es un arte y el balance perfecto que necesitas en tu vida.

Por otro lado, cuando tu mente, cuerpo, espíritu y el dúo dinámico no están alineados con tu propósito de vida, no obtendrás el resultado que te llevará al éxito en lo que emprendas y a la felicidad que te mereces.

Ya sabes lo que es bienestar y debes ya entender por qué es una prioridad en tu vida; y como tal, debes atenderlo como el número uno en tu lista de prioridades de vida.

Ahora bien, permíteme darte diez aspectos de las consecuencias de no darle prioridad al balance entre la **MENTE, CUERPO, ESPÍRITU**, y el *Dúo Dinámico*, que ya sabes está compuesto por **LIBERTAD** y **PROGRESO**.

Estos son:

1. Depresión

2. Continuos dolores de cabeza

3. Diabetes

4. Dolores musculares

5. Falta de entusiasmo

6. Insomnio

7. Esclavo del trabajo

8. Problemas interpersonales

9. Desmotivación en el trabajo

10. Déficit en las finanzas

Por otro lado, existe un sinnúmero de beneficios al lograr este balance. Te adelanto diez de ellos:

1. Tienes paz financiera.

2. Retardas el proceso de envejecimiento.

3. Vives en mejor armonía con los demás.

4. Disfrutas de mejor salud.

5. Dejas de temerle a las situaciones difíciles.

6. Mantienes serenidad en medio de los problemas.

7. Sabes auto-motivarte.

8. Logras un mejor desempeño profesional.

9. Te conviertes en alguien optimista.

10. Duermes mejor.

La pregunta ahora es, ¿qué resultados deseas? Una vez decidas, prepara tu equipaje y sal al viaje más importante de tu vida.

Ya casi termino, pero no lo puedo hacer hasta insistir que te inscribas en www.TuBienestarEsPrioridad.com. Cuando no sabes cómo equilibrar tu vida, se refleja una deficiencia de bienestar que quieres evitar a toda costa, y es la razón por la que diseñé este blog.

Quiero traerte información que cambie tu destino para siempre, herramientas que mejoren tu vida en alguno de los aspectos que ya he discutido contigo a través de este libro y muchos otros que incluyo en mi programa.

Permíteme ayudarte y ser parte de tu vida, quiero verte mejorar y contribuir a que seas más fuerte que ayer, pero no más fuerte de lo que serás mañana.

Solo deja tu nombre y dirección electrónica, y estaremos conectados tú y yo. No tienes nada que invertir, es gratis, y los beneficios que obtendrás son ilimitados.

No lo pienses más, inscríbete, te espero al otro lado y conocerás un poco más de mí, para luego juntos continuar construyendo tu mejor futuro, mientras tanto… "Mantente fuerte, vive feliz y saludablemente".

Rediseña tu vida para disfrutar de máxima salud, prosperidad y felicidad, enfocandote "INTENCIONALMENTE" en 5 áreas:

- MENTE

- CUERPO

- ESPÍRITU

- PROGRESO Y LIBERTAD (El Dúo Dinamíco)

Y recuerda…

…NADIE ES TAN IMPORTANTE COMO TÚ

ACERCA DEL AUTOR

Por 28 años, Frankie Cotto trabajó para el sector bancario tanto en su tierra natal Puerto Rico como también en los Estados Unidos. Ocupó el puesto de vicepresidente de varios bancos en Puerto Rico, presidió el comité de seguridad de la Asociación de Bancos de Puerto Rico y co-dirigió el "San Juan Fraud Task Force" entre los años del 2002 al 2004. Co-dirigió el programa de radio "Cuentas Claras" auspiciado por los Bancos miembros de la Asociación en PR para educar a la ciudadanía sobre aspectos de seguridad, fraudes, finanzas, tecnología entre otros. Fue también dueño de su propio gimnasio, SPA (centro de tratamientos corporales), línea de belleza junto a su esposa y también se desempeñó como consultor para varias corporaciones.

En el 2010, ya a sus 50 años de edad es víctima de la depresión financiera que había comenzado en el 2008 y de la cual muchos negocios e individuos fueron afectados en toda la nación norteamericana, y Puerto Rico no fue le excepción. En esa época perdió todas sus procesiones; casa, negocios, cuentas bancarias y se estima que su pérdida ascendía al millón de dólares. Mientras sus contemporáneos estaban pensando en el retiro, Frankie se encontraba pensando cómo restablecer su vida. Según relata Cotto, fue una etapa muy difícil. Cuenta que se sentía culpable por el sufrimiento de sus seres queridos, haberle fallado a gente que confiaron en él y se sintió abandonado por muchos de los que una vez consideró amigos. Pero tenía claro que la vida tenía que continuar, no era momento de echar culpas o buscar compasión de otros. "De ninguna manera me daría por vencido".

Trató de ofrecer sus servicios como consultor para los bancos que quedaban en la Isla, pero parecía que todas las puertas se cerraban. La economía se desplomaba y con ella sus esperanzas de recuperar su vida profesional. "¿Qué haré ahora?", se cuestionaba. Alrededor de diez años antes se había certificado como entrenador personal, instructor de varias clases grupales y había ejercido a tiempo parcial para ayudar a otros a recuperar su salud, algo que le apasionaba. Sin embargo, al no conseguir oportunidades de trabajo y mientras pensaba qué otra cosa podía hacer para salir adelante, le pide a un buen amigo que era dueño de uno de los Centros de entrenamiento más reconocidos en la Isla, le diera la oportunidad de trabajar con él en lo que conseguía algún trabajo a tiempo completo en lo que trabajaba antes. Fue ahí donde todo comenzó a cambiar y su vida dio un giro sorprendente.

Durante ese tiempo, tuvo la oportunidad de ayudar a muchas personas a ser mejor de lo que ellos pensaban, a hacer cosas que jamás habían creído podrían hacer, entrenó atletas, artistas, comenzó a hacer presentaciones en tarimas, televisión y programas de radio. Escribe su primer libro que tituló "Tu Mejor Cuerpo A Cualquier Edad", crea su sistema 40x4 y se percató que ya no quería volver atrás, frente a él se encontraba un nuevo horizonte, una nueva oportunidad y un camino que no quería perder.

Mientras trabajaba con clientes y corporaciones se percató de la gran necesidad que existía. Pudo notar que muchas personas no son felices, se encuentran en depresión emocional, con problemas personales y profesionales que no saben manejar, rupturas matrimoniales o de pareja que pudieron ser evitadas, inseguridades de estudios debido a marcas de un pasado confuso, insatisfecho en la vida debido a falta de progreso y libertad para hacer lo que se desea entre muchos otros desbalances que no les permitían disfrutar la vida. En su análisis descubrió, que el des-balance entre la mente, cuerpo, espíritu, progreso y libertad son la primordial causa para la infelicidad.

Analizó las técnicas que había utilizado mientras atravesó los momentos más difíciles de su vida y que lo ayudaron a sobrepasarlos, realizó sus propias investigaciones, buscó información adicional y desarrolló un nuevo y transformador programa de mejoramiento personal y corporativo que ahora utiliza con sus clientes y que incluye en este, su segundo libro "Tu Bienestar es Prioridad".

Frankie Cotto ha trabajado y ofrecido talleres, conferencias y consultorías en corporaciones prestigiosas como lo son Pfizer, División de Mercadeo de Coca Cola Co. en PR, Baxter, Banco Cooperativo de Puerto Rico, Autoridad de los Puertos en San Juan Puerto Rico, Central Christian Church en Miami, Medical Cards Systems, Oficina del Contralor en PR y muchos otros. También es contratado por individuos que aspiran alcanzar un mejor Bienestar. Frankie se ha convertido en un mensajero y consultor personal con un nuevo y transformador mensaje, seguir colaborando en el desarrollo físico, mental y espiritual del ser humano. Además de su preparación, es acreditado por experiencias de vida, un testimonio de lucha y superación.

Puedes conocer más acerca de Frankie en su sitio web: www.FrankieCotto.com

DESCARGA GRATIS

Guía Para Progresar

A Diario, Vivir Mejor
y Prosperar Para Siempre

DESCARGA GRATIS EN:

www.TuBienestarEsPrioridad.com/progresar